Zbigniew Herbert und Österreich

WECHSELWIRKUNGEN

ÖSTERREICHISCHE LITERATUR
IM INTERNATIONALEN KONTEXT

Herausgegeben von
Norbert Bachleitner, Leopold Decloedt,
Wynfrid Kriegleder und Stefan Simonek

BAND 23

PETER LANG

Przemysław Chojnowski (Hrsg.)

Zbigniew Herbert und Österreich

PETER LANG

Bibliografische Information der Deutschen Nationalbibliothek
Die Deutsche Nationalbibliothek verzeichnet diese Publikation
in der Deutschen Nationalbibliografie; detaillierte bibliografische
Daten sind im Internet über http://dnb.d-nb.de abrufbar.

POLNISCHES
INSTITUT
WIEN

universität
wien
Philologisch-
Kulturwissenschaftliche Fakultät

ISSN 1424-7674
ISBN 978-3-631-77183-9 (Print)
E-ISBN 978-3-631-79730-3 (E-PDF)
E-ISBN 978-3-631-79731-0 (EPUB)
E-ISBN 978-3-631-79732-7 (MOBI)
DOI 10.3726/b15946

© Peter Lang GmbH
Internationaler Verlag der Wissenschaften
Berlin 2020
Alle Rechte vorbehalten.

Peter Lang – Berlin · Bern · Bruxelles ·
New York · Oxford · Warszawa · Wien

www.peterlang.com

Meinen österreichischen Freunden gewidmet.

Danksagung

Mein Dank gilt Katarzyna Herbert und The Estate of Zbigniew Herbert/The Wylie Agency (UK) Ltd. in London für die freundliche Genehmigung die im Band enthaltenen Texte und Zeichnungen Herberts zu veröffentlichen. Meine herzlichen Dankesworte gelten auch dem Polnischen Institut Wien, dessen Direktor Rafał Sobczak und seinem Team (Magdalena Bielecka und Kornelia Wróbel) sowie dem Dekanat der Philologisch-Kulturwissenschaftlichen Fakultät der Universität Wien für die finanzielle Unterstützung des Buchprojektes.

Ich danke Manfred Müller, Ursula Ebel, Holger Englerth von der Österreichischen Gesellschaft für Literatur für Gespräche und Hilfe beim Recherchieren in den Archivbeständen der ÖGfL. Gertrude Kothanek und Thomas Angerer bin ich für die Zustimmung, Wolfgang Kraus' Text und Bild zu veröffentlichen, dankbar. Mein Dank richtet sich auch an Michael Hansel vom Literaturarchiv der Österreichischen Nationalbibliothek Wien, Petra Greeff vom Grazer Universalmuseum Joanneum und Raoul Blahacek.

Das im Band präsentierte Bildmaterial wäre ohne den Beitrag Henryk Citkos von der Nationalbibliothek in Warschau bescheidener gewesen. Meinen Kolleginnen und Kollegen aus dem Institut für Slawistik der Universität Wien, insbesondere Sylvia Richter, Stefan Simonek und Thomas Mikula verdanke ich redaktionelle, intellektuelle und technische Unterstützung, die mir bei der Entstehung dieses Buches zuteilwurde. Für die Übersetzung zweier Aufsätze in diesem Band bedanke ich mich höflich bei Joanna Ziemska.

Inhaltsverzeichnis

EINLEITUNG
Auf den Spuren von Zbigniew Herbert in Österreich

Die Idee, das vorliegende Buch *Herbert und Österreich* herauszugeben, geht auf eine Veranstaltung zurück, die am Polnischen Institut Wien am 21. November 2017 stattfand. Am Vorabend des in Polen begangenen Zbigniew-Herbert-Jahres 2018 wurde der literarische Abend „Auf den Spuren von Zbigniew Herbert in Österreich" organisiert. Im Rahmen der Veranstaltung wurde der österreichische Kontext im Werk des polnischen Autors (1924–1998), dessen Familie aus England stammend über Wien in die Hauptstadt Galiziens Lemberg kam, thematisiert.

Der vorliegende Band widmet sich einigen Texten Herberts und geht auf ausgewählte, wenig bekannte Fakten aus der Biographie des Lyrikers und Essayisten ein, die dessen enge Verbindungen zu Österreich belegen. Die hier versammelten Beiträge gehen teils auf die erwähnte Veranstaltung zurück und wurden zum anderen um weitere Untersuchungen ergänzt, um einen breiteren Einblick in die behandelte Thematik zu geben. Darüber hinaus nimmt das Buch zum ersten Mal auf die Rolle Wiens in der internationalen Karriere von Zbigniew Herbert Bezug.

Herberts Gedichte wurden auch in Österreich ins Deutsche übersetzt, was der Beitrag von Alois Woldan zeigt, dessen Herbert-Übersetzungen in diesem Band vorgestellt werden. Einige von ihnen sind bereits in den 1990er Jahren im Druck erschienen. Als Grundlage für die Übertragungen dienten die beiden vorletzten Gedichtbände Herberts – *Elegia na odejście/Elegie auf den Fortgang* (Paris 1990) und *Rovigo/Rovigo* (Wrocław 1992), aus denen folgende Texte übersetzt wurden: „Orwells Fotoalbum", „Lebenslauf", „Mademoiselle Corday", „Rovigo", „Vermutungen zum Thema ‚Barrabas'", „Kleines Herz", „Landschaft", „Livius und seine Wandlungen", „Bitte", „Heraldische Überlegungen des Herrn Cogito". Diese Texte geben nicht nur einen Einblick in das Spätwerk des polnischen Lyrikers, sie können auch zu Übersetzungsvergleichen mit bereits bestehenden deutschen Übersetzungen dieser Gedichte anregen.

Der Herbert-Forscher Andrzej Franaszek konzentriert sich in seinem Beitrag auf eine Station in der Biographie Herberts, und zwar auf dessen ersten längeren Aufenthalt in Wien, der mit der Verleihung des Internationalen Lenau-Preises im Oktober 1965 verbunden ist. In seinen Ausführungen beschäftigt sich Franaszek mit der Beziehung des Dichters zu Angelika Hauff-Nagl,

Burgtheaterschauspielerin und Studentin von Max Reinhardt. Die Geschichte dieser Freundschaft beleuchtet die Entstehung des Gedichtes „Dlaczego klasycy"/„Warum Klassiker", das der Schauspielerin gewidmet ist.

Die Philosophin Małgorzata Bogaczyk-Vormayr greift das Thema der Begegnung Zbigniew Herberts mit Jean Améry auf, die ihren poetischen Ausdruck im Gedicht „Z nienapisanej teorii snów"/„Aus einer ungeschriebenen Theorie der Träume" fand. Bogaczyk-Vormayr weist darauf hin, wie sehr sich Herbert mit dem Denken und der Erinnerungsarbeit des österreichischen Schriftstellers und KZ-Häftlings auseinandersetzte. Für Améry war die Folter die Essenz des Dritten Reiches. In seinem Essayband *Jenseits von Schuld und Sühne. Bewältigungsversuche eines Überwältigten* (München 1966) vertrat er die Meinung, dass jeder, der jemals gefoltert wurde, immer gefoltert bleibe, ohne das grundlegende Vertrauen in die Welt zurückzugewinnen.

Herberts Zusammentreffen mit Améry wäre ohne den mit ihm befreundeten Wolfgang Kraus nicht möglich gewesen. Kraus, Gründer und Leiter der Österreichischen Gesellschaft für Literatur, der für die Presse in Österreich und Deutschland über Herberts deutschsprachige Bücher schrieb, hielt Anfang der 1970er Jahre den polnischen Autor – neben Wystan Hugh Auden – für den bedeutendsten lebenden Lyriker.[1] Kraus' Beitrag zur literarischen Karriere des polnischen Dichters außerhalb von Polen ist der Aufsatz des Herausgebers dieses Bandes gewidmet. Hierbei wird auf den kulturpolitischen Charakter des Internationalen Lenau-Preises sowie auf die Rolle der Österreichischen Gesellschaft für Literatur bei der Etablierung Herberts im deutschsprachigen Literaturbetrieb eingegangen.

Henryk Citko, Forscher und Verwalter des Zbigniew Herbert Archivs in Warschau, stellt in seinem Beitrag eine Zeittafel der Aufenthalte Herberts in Österreich zusammen. Er verzeichnet alle für den Schriftsteller wichtigen Begegnungen, seine Dichterlesungen und Reisen in verschiedene Regionen des Landes. Die Zeittafel umfasst auch Orte und Veranstaltungen, welche der Autor in den Jahren 1958 bis 1980 besuchte, und informiert über Herberts Präsenz im österreichischen Rundfunk und Fernsehen. Der Beitrag gibt darüber hinaus einen Überblick über Herberts Freundeskreis, zu dem in Wien außer den bereits erwähnten Angelika Hauff-Nagl und Wolfgang Kraus auch Franz Theodor Csokor, der damalige Präsident des österreichischen P.E.N.-Clubs, gehörte.

---

1   Kraus, Wolfgang: „Mut zur Harmonie". *Die Presse* 22.08.1973. (Rezension des Bandes Z. Herberts: *Im Vaterland der Mythen*, Bibliothek Suhrkamp, ist als Faksimile im Anhang des vorliegenden Buches enthalten).

Der Band beinhaltet das Faksimile von Herberts „Wiener Gedichten", seine Reden zum Internationalen Lenau- und zum Herder-Preis, die ihm in Österreich verliehen wurden. Die Publikation macht bisher größtenteils unveröffentlichte Fotografien und Zeichnungen Herberts, die bei seinen Besuchen in Wien oder im Salzkammergut entstanden sind, zugänglich. Das Buch beschließen Stimmen aus der österreichischen Literaturkritik, die in erster Linie Herberts Lyrik gewidmet sind. Beiträge von Franz Theodor Csokor, Herbert Zand und Wolfgang Kraus sind als Faksimile abgedruckt.

An dieser Stelle möchte ich mich bei allen sehr herzlich bedanken, die zum Gelingen dieses Buchprojektes beigetragen haben.

Przemysław Chojnowski
Wien, im Januar 2019

Alois Woldan

Meine Erfahrungen als Übersetzer von Zbigniew Herbert

Für jeden Übersetzer stellt das Werk von Zbigniew Herbert wohl eine besondere Herausforderung dar. Als junger Mann, der mit Begeisterung polnische Literatur und vor allem Lyrik übersetzte, hätte ich mich sehr gern auch an Texten von Herbert versucht. Die vorletzten Lyrikbände des Dichters, die zu Beginn der 1990er Jahre erschienen, *Elegia na odejście* (1990) und *Rovigo* (1992) enthielten noch dazu neue, faszinierende Gedichte, die bislang noch nicht übersetzt worden waren; es bestand – zumindest auf den ersten Blick – die Chance, auch diesen, im deutschen Sprachraum schon sehr gut bekannten Dichter zu übersetzen. Ich hatte zu dieser Zeit neben zahlreichen Lyrikübersetzungen für diverse Literaturzeitschriften auch schon zwei Bände bekannter Lyriker übersetzt – 1990 war ein Band von Ewa Lipska, 1992 ein zweisprachiger Band von Tadeusz Różewicz in meiner Übersetzung erschienen. Auch stand ich in ständigem Kontakt mit einem renommierten österreichischen Verlag, für den ich diverse Neuerscheinungen auf dem polnischen Buchmarkt besprach.

Es zeigt sich jedoch bald, dass man Herberts Texte nicht so ohne Weiteres übersetzen durfte; die Rechte für Übersetzungen und deren Druck waren in der Regel schon an deutsche Verlage vergeben, wie mein österreichischer Verleger feststellen musste, und auch der Übersetzer stand zumeist schon fest, es sollte Klaus Staemmler sein. Ausnahmen gab es diesbezüglich nur bei Tadeusz Różewicz und Ewa Lipska, die beide ausdrücklich darauf Wert legten, dass ihre Texte von unterschiedlichen Übersetzern ins Deutsche übertragen würden. Auch Wisława Szymborska fügte sich den Wünschen „ihres“ Übersetzers, Karl Dedecius, und verzichtete auf andere Übersetzer. Zbigniew Herbert wiederum kümmerte sich zu diesem Zeitpunkt nicht um Fragen der Übersetzung, er überließ das anderen.

Was also tun mit den Probeübersetzungen, die ich bereits angefertigt hatte, nachdem die Anfragen nach den Rechten für Herberts neueste Texte abschlägig beantwortet worden waren? Es blieben Zeitschriften und Anthologien, in denen ich das eine oder andere Gedicht unterbringen konnte. Während Zeitschriften primär an Erstveröffentlichungen interessiert waren, deren Rechte im Fall der Übersetzung beim Übersetzer lagen, konnten Anthologien, welche von einem Autor in der Regel nur wenige Texte übernahmen, die Rechte zum Abdruck relativ leicht von den Verlagen erwerben; im Fall von bislang unpublizierten Übersetzungen erübrigte sich auch das. Als 1995 im noch relativ neuen und gut beleumundeten Wieser-Verlag *Das Buch der Ränder – Lyrik* erschien, hatte ich plötzlich Gelegenheit manches, was ich aus der polnischen Lyrik übersetzt hatte, zu veröffentlichen, darunter auch einen Text von Zbigniew Herbert, „Lebenslauf"/„Życiorys", aus dem Band *Rovigo*. Der zweite Herbert-Text in diesem *Buch der Ränder*, „Spätherbstliches Gedicht des Herrn Cogito für Frauenzeitschriften bestimmt", wurde in der Übersetzung von Karl Dedecius aus einem früheren Band übernommen. Generell konnte ich zu diesem Buch einiges beitragen, von acht vorgestellten polnischen Dichtern wurden fünf mit meinen Übersetzungen präsentiert (Szymborska, Harasymowicz, Herbert, Lipska, Różewicz), wobei es sich jeweils um Erstveröffentlichungen neuer Übersetzungen handelte. Auch „Lebenslauf" war eine Erstveröffentlichung, weil meine Übersetzung früher erschien als die von Klaus Staemmler. Eine weitere Chance zur Veröffentlichung einzelner Herbert-Texte bot die Zeitschrift *Literatur & Kritik*, die seit vielen Jahren in Salzburg erscheint und ein besonderes Interesse an mitteleuropäischer Literatur hat; polnische Autoren wurden dort schon seit den 1960er Jahren präsentiert. Das April-Heft des Jahres 1998 (Nr. 33) trägt den bezeichnenden Titel „Osterweiterung" – die Herausgeber nahmen in dieses Heft auch drei Herbert-Texte aus dem Band *Elegia na odejście* auf („Kleines Herz"/„Małe serce", „Vermutungen zum Thema ‚Barrabas'"/„Domysły na temat Barabasza", „Landschaft"/„Krajobraz", S. 61 ff.), die ich einige Jahre vorher schon übersetzt hatte, zusammen mit einigen anderen. So wurde ich doch noch ein Herbert-Übersetzer, wenn auch nur ein ganz unbedeutender, dessen Übersetzungen zumeist in der Schublade verblieben.

Der vorliegende Band bietet die Möglichkeit, auch jene Übersetzungen zu publizieren, die seinerzeit von den Herausgebern der beiden erwähnten Publikationen nicht ausgewählt wurden, und noch einmal jene Texte, die vor Jahren schon im Druck erschienen. Diese kleine Auswahl soll nicht nur einen kleinen Aspekt der Rezeption des Werks von Zbigniew Herbert in Österreich dokumentieren, sie soll auch einen Vergleich mit anderen Übersetzungen derselben Texte bieten, die aus der Feder prominenter Übersetzer stammen. Ein solcher Vergleich ist immer lehrreich – er muss nicht unbedingt beweisen, dass die eine Übersetzung besser und die andere schlechter ist, er wird immer auch die Vielfalt der Möglichkeiten zeigen, die sich bei der Übersetzung Herberts ins Deutsche auftun, und damit zur Reflexion über Chancen und Möglichkeiten der Übersetzung anregen. Ich sehe meine Übersetzungen aus der Distanz von fast einem Vierteljahrhundert durchaus kritisch, kann neidlos anerkennen, dass andere Übersetzer bestimmte Stellen besser gelöst haben – würde aber auch in vielen Fällen auf meiner Lösung beharren.

Orwells Fotoalbum

Nicht am besten hat sein Leben ein gewisser Eric Blair gerichtet
auf allen Aufnahmen ist sein Gesicht ungewöhnlich traurig.
Ein mittelmäßiger Eton-Zögling – Oxford – dann der Dienst in den
Kolonien
wo er die Zahl der Elefanten um einen verringerte.
Er assistierte beim Hängen aufmüpfiger Birmanen
hat das genau beschrieben. Dann der Krieg in Spanien in den Reihen
der Anarchisten.

Es gibt da ein Bild: die Kämpfer vor der Lenin-Baracke
im Hintergrund er – übermäßig groß und ganz einsam.

Leider gibt es kein Foto aus der Zeit des Studiums der Not
in Paris und London. Eine Lücke, aus der man auf etwas
schließen mag.

Schließlich aber der späte Ruhm ja sogar Wohlstand:
Wir sehen ihn mit Hund und Enkel. Seine zwei schönen Frauen
das Landhaus in Banhill wo er unter einem Stein liegt.

Nicht ein Foto aus den Ferien – Tennisschuhe eine Jacht in der Sonne
Lockrufe des Vergnügens. Gut. Zum Glück gibt es kein Foto von ihm
aus dem Spital. Das Bett. Die weiße Handtuchfahne
am blutenden Mund. Er aber wird niemals aufgeben.

Und geht wie ein Pendel duldend dauernd
zu einem bestimmten Treffen.

Lebenslauf

Ich war ein stiller Bub leicht verschlafen – und o Wunder –
anders als meine Altersgenossen – die ganz früh für ihre Abenteuer
                                                              lebten –
wartete auf nichts – blickte nicht aus dem Fenster.

In der Schule – eher fleißig als begabt folgsam und problemlos

Dann ein normales Leben im Rang eines Sachbearbeiters
früh aufstehen Straßenbahn Büro wieder die Straßenbahn nach
                                                    Hause Schlaf

Ich weiß wirklich nicht, weiß nicht woher diese Müdigkeit
                                                    Unruhe Qual
immer und auch jetzt – da ich ein Recht habe auszuruhen

Ich weiß ich bin nicht weit gekommen – habe nichts vollbracht
habe Briefmarken gesammelt Heilkräuter nicht schlecht Schach
                                                        gespielt

Einmal war ich im Ausland – auf Sommerfrische – am
Schwarzen Meer auf dem Foto ein Strohhut das Gesicht gebräunt –
fast glücklich

Ich las was mir unterkam: vom wissenschaftlichen Sozialismus
von Raumflügen denkenden Maschinen
und das was ich am liebsten hatte: Bücher über das Leben der Bienen

So wie andere wollte ich wissen was mit mir sein wird nach dem Tod
ob ich eine neue Wohnung bekomme und ob das Leben einen Sinn hat

Vor allem aber wie das Gute von dem zu scheiden was böse ist
mit Sicherheit zu wissen was weiß und was ganz schwarz ist

Jemand empfahl mir das Werk eines Klassikers – wie er sagte –
es hat sein Leben geändert und das Leben von Millionen von Menschen
Ich las es – habe mich nicht geändert – muss ich zu meiner Schande
                                                        gestehen –
habe völlig vergessen wie dieser Klassiker hieß

Vielleicht habe ich nicht gelebt – nur bestanden – geworfen ohne
meinen Willen
in etwas was schwer zu beherrschen und unmöglich zu begreifen ist

wie der Schatten an der Wand
das war also nicht das Leben
das Leben in vollen Zügen

Wie konnte ich meiner Frau und auch den anderen erklären
dass ich alle meine Kräfte aufbieten musste
um nicht Dummheiten zu machen Einflüsterungen nicht
nachzugeben
mich nicht mit dem Stärkeren zu verbrüdern

Es ist wahr – ich war ständig blass. Durchschnitt. In der Schule
beim Militär
im Büro bei mir zu Hause und auf Tanzgesellschaften.

Jetzt liege ich im Spital und sterbe am Alter.
Auch hier quält mich dieselbe Unruhe.
Würde ich ein zweites Mal geboren ich wäre vielleicht besser.

Ich wache auf in der Nacht schweißgebadet. Blicke zum Plafond.
Stille.
Und wieder – noch einmal – mit einer bis ins Knochenmark
müden Hand

verscheuche ich böse Geister und rufe gute herbei.

Das Gedicht wurde publiziert in: Gauß, Karl-Markus/Hartinger,
Ludwig (Hrsg.): *Das Buch der Ränder – Lyrik*. Wieser Verlag:
Klagenfurt-Salzburg 1995, S. 30f.

Mademoiselle Corday

Im blauen Kleid wie ein Fels – Charlotte – ein Strohhut
zwei Bänder fest unter dem Kinn gebunden – beugt sich über Marat

und schneller als ein fallender Stern – lässt sie Gerechtigkeit walten

Hinter der Wand das Getöse der Stadt die Trommeln der
                                                     Revolution

Und dahinter – Wald – Feld – ein Bach – Schäfchenwolken
Abhänge von Luft – wilde Lupinien – Malven

Und alles war normal und klar
                        an diesem Tag nicht abwendbar

Steif aufgerichtet fuhr Fräulein Corday
gekleidet – wie vom Gericht befohlen – in das Kleid der
                                     Vatermörder
inmitten einer johlenden Menge von Speiseresten die man ihr ins
                                     Gesicht warf
fuhr zur Hinrichtung an einem schwülen Tag fuhr durch Paris
inmitten von Verwünschungen aber wie mit einer Krone
auf den kurz geschorenen Haaren

Ihr gebührt ein Denkmal oder ein Obelisk zumindest
weil sie zur Gänze aus den Zeiten des Mythos stammte
da griechische oder römische Autoren
und Leser beim Schein der Öllampe oder Kerze
einen Pakt geschlossen hatten und fest daran glaubten
dass die Verteidigung der Freiheit eine rühmenswerte Sache sei

Fräulein Corday las in den Nächten Plutarch
Bücher wurden ernst genommen

Rovigo

BAHNHOF ROVIGO. Undeutliche Assoziationen. Ein Drama
                              von Goethe
oder etwas von Byron. Ich bin durch Rovigo
n-Mal gefahren und habe genau beim n-ten Mal verstanden
dass in meiner inneren Geographie das ein besonderer
Ort ist wenngleich er mit Sicherheit zurückbleibt hinter
Florenz. Nie habe ich auch nur einen Fuß dorthin gesetzt
und Rovigo kam mir immer näher oder entschwand nach hinten

Ich lebte damals von der Liebe zu Altichiero
aus dem Oratorium San Giorgio in Padua und zu Ferrara
das ich liebte erinnerte es mich doch an die
geplünderte Stadt meiner Väter. Ich lebte hin und her gerissen
zwischen der Vergangenheit und dem gegenwärtigen Augenblick
gekreuzigt viele Male vom Ort und von der Zeit

Und dennoch glücklich und im festen Vertrauen
dass das Opfer nicht umsonst sein wird

Rovigo zeichnete sich durch nichts Besonderes aus es war
ein Meisterwerk der Mittelmäßigkeit gerade Straßen unschöne Häuser
nur vor oder hinter der Stadt (je nach Fahrtrichtung des Zugs)
wuchs jäh ein Berg aus der Ebene – durchschnitten von einem roten
                              Steinbruch
ähnlich einem Festtagsschinken garniert mit Blattkohl
außerdem nichts was unterhalten betrübt das Auge angezogen hätte

und doch war das eine Stadt aus Blut und Stein – so wie andere
eine Stadt in der gestern jemand starb jemand verrückt wurde
jemand hustete hoffnungslos die ganze Nacht

IN BEGLEITUNG WELCHER GLOCKEN ERSCHEINST
                              DU ROVIGO

Reduziert auf den Bahnhof auf einen Beistrich einen
                              durchgestrichenen Buchstaben
nichts nur ein Bahnhof – *arrivi* – *partenze*
und deshalb denke ich an dich   Rovigo   Rovigo

Vermutungen zum Thema „Barrabas"

Was ist mit Barrabas geworden. Ich fragte niemand wusste etwas
Von der Kette befreit ging er hinaus auf die weiße Straße
konnte nach rechts abgebogen geradeaus gegangen nach links
                                        abgebogen sein
sich im Kreis gedreht und vor Freude wie ein Hahn gekräht haben
Er der Kaiser über die eigenen Hände und den Kopf
Er der Alleinherrscher über den eigenen Atem

Ich frage denn in gewisser Weise war ich beteiligt an dieser Sache
Von der Menge angelockt schrie auch ich vor dem Palast des Pilatus
so wie die anderen gib den Barrabas frei Barrabas
Es schrien alle wenn auch ich allein geschwiegen hätte
wäre es genauso gekommen wie es kommen musste

Barrabas ist vielleicht zu seiner Bande zurück
Raubt und mordet in den Bergen rasch und redlich
Oder hat eine Töpferwerkstatt aufgemacht
Und wäscht seine vom Verbrechen besudelten Hände
im Ton der Schöpfung
Er ist Wasserträger Maultiertreiber Geldwechsler
besitzt Schiffe – auf einem davon ist Paulus zu den Korinthern
                                        gesegelt

Oder – was man nicht ausschließen kann –
wurde zum geschätzten Spitzel im römischen Sold

Schaut hin und bewundert das schwindelerregende Spiel des
                                        Schicksals

um die Möglichkeiten die Potenzen um das Lächeln der Fortuna

Der Nazarener aber
ist allein geblieben
ohne Alternative
mit dem steilen
Weg
des Blutes

Kleines Herz

für Jan Józef Szczepański

das Geschoß das ich abgefeuert habe
während des großen Kriegs
ist um den Erdball geflogen
und hat mich in den Rücken getroffen

im allerunpassendsten Augenblick
als ich schon sicher war
dass ich alles vergessen hätte
seine – und meine Schuld

ich wollte doch so wie die anderen
sie aus meiner Erinnerung tilgen
die Gesichter des Hasses

die Geschichte beschwichtigte
ich hatte gegen die Gewalt gekämpft
das Buch aber sagte
– dass es der Kain war

so viele Jahre habe ich geduldig
so viele Jahre habe ich vergeblich
mit dem Wasser des Mitleids
den Ruß das Blut die Bilder abgewaschen
damit das Edle Schöne
die Schönheit des Daseins
und vielleicht sogar das Gute
in mir ein Zuhause hätten
ich wollte doch so wie alle
zurück kommen
in die Bucht der Kindheit
in das Land der Unschuld

das Geschoß das ich abgefeuert habe
aus der Kleinkaliberwaffe
ist entgegen den Gesetzen der Gravitation
um den Erdball geflogen
und hat mich in den Rücken getroffen
als wollte es sagen

– dass niemandem
Irgendetwas erlassen wird

so sitze ich jetzt einsam
auf dem Strunk eines gefällten Baumes
genau in der Mitte
einer vergessenen Schlacht

und webe einer grauen Spinne gleich
düstere Betrachtungen am laufenden Band

über die zu große Kraft der Erinnerung
über das zu kleine Herz

Landschaft

Die Nacht ist windig und leer die Straße auf der die Armee des
                                           Herzogs von Parma
Pferdekadaver zurückgelassen hat
auf der kahlen Höhe leuchten die Knochen einer vor kurzem
                                           eroberten Burg
es gibt nur Stein Sand Kot und Wind ohne Ziel und Farbe

Das was diese Landschaft belebt ist der Mond scharf in den Himmel
                                           gestochen
und etwas schmutzige Schatten unten
und auch ein weißer Galgen denn an ihm baumeln dünne Schoten
von Leibern denen der Wind das Leben zurückgibt dieser Wind
                                           ohne Bäume und Wolken

Livius und seine Wandlungen

Wie haben mein Großvater und Urgroßvater ihn verstanden,
den Livius
den sie im humanistischen Gymnasium lasen
nicht unbedingt zur richtigen Zeit
da ins Fenster der Kastanienbaum ragte – gefräßige Blütenkerzen –
und des Großvaters und Urgroßvaters Gedanken nur ein Ziel
kannten, Mitzi
die im Biergarten singt tief dekolletiert die göttlichen Beine zeigt bis
zu den Knien

oder Gabi aus der Wiener Oper mit Locken wie ein Cherubim
Gabi mit dem Stupsnäschen und dem Mozart in der Kehle
um schließlich bei Pepi zu landen der Zuflucht der Betrübten
ohne Schönheit Talent und größere Anforderungen
so haben sie Livius gelesen – o du Zeit des Blütenstandes –
im Dunst von Kreide Langeweile Petroleum zur Fußbodenpflege
unter dem Bild des Kaisers
denn es gab einen Kaiser damals
und das Reich schien wie alle Reiche
von ewiger Dauer

Da sie die Geschichte der Ewigen Stadt lasen verfielen sie dem Irrtum
sie wären Römer oder deren Nachkommen
oder Söhne der Unterworfenen selbst Unterjochte
daran war zweifellos der alte Lateinlehrer schuld
ein titulierter Hofrat
ein Ausbund antiker Tugenden unter abgewetztem Gehrock
er hatte ihnen in Livius' Namen Verachtung eingebläut für
den Pöbel
den Volksaufstand – *res tam foeda* – in ihnen Abscheu geweckt
während dessen alle Eroberungen richtig schienen
ganz einfach den Sieg dessen bedeuteten was besser war stärker
deshalb schmerzte sie die Niederlage am Trasimenersee
erfüllte sie die Übermacht Scipios mit Stolz
nahmen sie den Tod Hannibals mit echter Erleichterung auf
ließen sie leicht und allzu leicht sich führen
durch die Schanzgräben der Nebensätze
verschlungene Konstruktionen regiert vom Partizip
angeschwollene Redeflüsse

Fallen der Syntax
– hin zu einer Schlacht
nicht in ihrem Interesse

Erst mein Vater und ich nach ihm
lasen Livius gegen Livius
sorgfältig aufdeckend was sich unter dem Fresko befand
deshalb fand die theatralische Geste des Scaevola bei uns kein Echo
das Gebrüll von Zenturionen und die Triumphzüge
eher ließen wir uns von der Niederlage rühren
der Samniten Gallier oder Etrusker
wir zählten die vielen Namen von Völkern von den Römern zu
Staub zermalmt
ruhmlos bestattet die für Livius
nicht einmal einer Falte im glatten Stil würdig waren
jene Hirpiner Apuler Lukaner Usentiner
wie auch die Bewohner von Tarent Metapont und Lokri

Mein Vater wusste es gut und ich weiß es auch
dass eines schönen Tages in weit entfernten Gegenden
ohne himmlische Vorzeichen
in Pannonien Sarajevo oder auch Trapezunt
in einer Stadt am kalten Meer
oder im Tal des Pandschir
ein regionaler Brand ausbrechen kann

und das Reich einstürzen wird

Bitte

Göttervater und du, mein Patron Hermes
ich vergaß euch zu bitten – jetzt ist es schon zu spät –
um eine hohe Gabe
und doch so keusch wie ein Gebet
um glatte Haut üppiges Haar Lider wie Mandeln

möge es geschehen
dass mein ganzes Leben
hineinpasst zur Gänze
in die Andenkenschatulle
der Gräfin Popescu
auf der ein imaginärer Hirte
am Eichenrand
auf seiner Panflöte
Perlenluftschlösser bläst

innen aber herrscht ein Durcheinander
ein Manschettenknopf
eine alte Uhr vom Vater
ein erblindeter Ring
ein ausziehbares Fernrohr zur See
getrocknete Blätter
goldene Inschrift auf einem Becher
die zu den Heilquellen lockt
nach Marienbad
Lacklächeln
ein Batisttüchlein
Zeichen, dass sich die Festung ergeben hat
ein bisschen Schimmel
ein bisschen Nebel

Göttervater und du mein Patron Hermes
ich vergaß euch zu bitten
um Morgen Mittag Abend seicht und ohne Bedeutung
um wenig Seele
wenig Gewissen
einen unbeschwerten Kopf

und einen tänzelnden Schritt

Heraldische Überlegungen des Herrn Cogito

Zuvor vielleicht – ein Adler
auf großem roten Feld
und die Posaune des Winds

jetzt
aus Stroh
aus unartikulierten Lauten
aus Sand

noch ohne Gesicht
mit verklebten Augen
ein Welpe

weder das Gelb des Hasses
noch der Purpur des Ruhms
noch das Grün der Hoffnung

ein leeres Schild

durch das Land
der kleinen Bäume
zirpt es

zieht sich
eine Schnecke

auf dem Rücken
trägt sie ihr Haus

dunkel

ungewiss

Andrzej Franaszek

Sein Engel.
Über die Beziehung zu Angelika Hauff-Nagl

„Meine Feier wird am Montag, den 25. sein, mein Lyrikabend am 29. Ich fürchte mich und habe Angst, wie eine Jungfrau vor … na, du weißt, schon wovor"[1], vertraute Herbert im Herbst 1965 seinem deutschen Freund und Übersetzer Karl Dedecius an. Es weist jedoch alles darauf hin, dass Herbert ungeachtet des Lampenfiebers vor der Verleihung des ersten Literaturpreises, der nichts mit Polen zu tun hatte, damit bestens zurechtgekommen ist. Der eben erst von der Regierung gestiftete Österreichische Staatspreis für Europäische Literatur ist heute besser bekannt unter dem Namen Internationaler Nikolaus Lenau-Preis, der auf einen bekannten romantischen Lyriker des 19. Jahrhunderts Bezug nimmt, welcher in seinen epischen Gesängen auch die Auflehnung des Einzelnen gegen die Tyrannei besungen hatte, daneben aber auch als Verfasser von melancholischen Liebesgedichten bekannt ist, und der ganz im Stil seiner Zeit sein Leben in einem Irrenhaus beschloss.

Die Feier in Wien verlief, wie Herbert feststellte, „barock", also mit entsprechendem Pomp im Palais Wilczek, anwesend waren sowohl Unterrichtsminister Theodor Piffl-Percevic als auch der polnische Botschafter Jerzy Roszak. Man spielte Chopin, die Laudatio hielt der damalige Präsident des P.E.N.-Clubs, Franz Theodor Csokor, der „aus dem Herzen sprach, mich aber, ich weiß nicht warum, mit Cato verglich. Burgschauspieler Andreas Wolf las meine Gedichte. Ich hatte ihm gesagt, er möge an den Stellen, wo er die Stimme heben würde, eine Pause machen, und er machte diese Pausen, nur etwas zu lang".[2] Dieser Hinweis für die Deklamation lässt an eine Stelle aus einem anderen Brief Herberts denken: „ich antwortete auf Deutsch, und das muss eine wirklich besondere Ansprache gewesen sein, weil sie allen gefallen hat, sogar dem Botschafter".[3]

---

1   Postkarte von Z. Herbert an K. Dedecius, Wien, 22. Oktober 1965; Karl Dedecius Archiv, Collegium Polonicum Słubice.

2   Brief Z. Herberts an K. Podgórecka, Wien, 30. November 1965; Handschriftenabteilung der Nationalbibliothek Warschau.

3   Brief Z. Herberts an I. und T. Byrski, Zitat nach: Osiński, Zbigniew: *„Nazywał nas bratnim teatrem". Przyjaźń artystyczna Ireny i Tadeusza Byrskich z Jerzym Grotowskim.* Wydawnictwo słowo/obraz terytoria: Gdańsk 2005, S. 77.

Die Ansprache schrieb Herbert wohl auf Polnisch, übersetzt hat sie wahrscheinlich Dedecius, es kommt klar zum Ausdruck, dass der Dichter darin unterstrich,
wie er während der Besatzung Polens Lenaus Gedichte gelesen hatte, „einen der
reinsten Dichter, den kennenzulernen mir gegeben war. In meinem Gedächtnis
blieb lange die Strophe zurück:

> Weil' auf mir, du dunkles Auge,
> übe deine ganze Macht,
> ernste, milde, träumerische,
> unergründlich süße Nacht.

Diese und andere Worte meiner Lieblingsdichter habe ich durch eine Nacht
getragen, die gar nicht mild und süß war. […] Wenn die Poesie eine universale
Erscheinung ist, dann meiner Meinung auch deshalb, weil sie wirkliche Erfahrungen der Menschheit übermittelt. Sie ist eng mit dem Schicksal des Menschen
und der Geschichte verbunden. Geschichte setzt man gewöhnlich gleich mit
Brand, Mord und Eroberung. Zu oft aber vergisst man jene Zeiten, in welchen
die Vernunft über Wahnsinn dominierte, jene Perioden, in welchen man bestrebt
war, die Konflikte nicht mit dem Schwert zu lösen, sondern mit geduldiger Vermittlung und Kompromissen – ja, auch mit Kompromissen, die mehr Phantasie
beweisen als militärische Strategie.

[…] Der Beruf des Schriftstellers ist gar kein sicherer Beruf. In unserer Epoche ist es sehr schwierig, ein fröhlicher Gärtner der Wörter zu sein. Man muss
sich allem Leid und aller Zerrissenheit der modernen Welt stellen. Das stolze
Wort Goethes ‚Der Dichter steht viel zu hoch, als dass er Partei machen sollte',
schließt eine Warnung ein, aber es befreit nicht von Verantwortung.

Ich habe jetzt viele große Worte gesagt – und doch bin ich mir wohl bewusst,
dass die Position des Dichters im Kampf und Lärm der Welt keine starke und
entscheidende Position ist. Viele Mächte lauern darauf, seinen guten Glauben
auszunützen. Aber wie auch immer die Zukunft sein wird, muss man doch

> noch einmal
> mit sterblichem ernst
> der verratenen welt eine rose
> schenken.“[4]

Möglicherweise fand das Motiv der vernünftigen Kompromisse die Anerkennung des polnischen Botschafters, jedoch hatte der soeben ausgezeichnete Leser

---

4   Herbert, Zbigniew: „Nikolaus-Lenau-Preis 1965“. *Wort in der Zeit* 1965 Nr. 12, S. 56 f.
     (Faksimile des gesamten Textes ist im Anhang des vorliegenden Bandes enthalten).

der Werke Lenaus und Goethes keine Zeit Atem zu schöpfen, wie aus dem Bericht an seine Freunde hervorgeht: „am nächsten Tag, ich weiß selbst nicht warum, fand ich mich im Präsidium des Kongresses der Romanciers wieder. Das war nicht uninteressant, aber von den Scheinwerfern der Fernsehkameras wurde mir allmählich schlecht. Am 29. Oktober fand mein Leseabend im Palais Auersperg statt. Jemand klaute mir das Manuskript meiner Rede, Gott sei Dank, nachdem ich sie gehalten hatte. Dann wieder ein Empfang".[5] Ein sehr plastisches Detail findet sich in einem Brief an Czesław Miłosz, in dem Herbert schreibt: „Den Preis habe ich in Empfang genommen, im Hotel verloren, die Klofrau hat ihn gefunden (ein Symbol?)".[6] Dabei ging es um eine „Kleinigkeit" von 50.000 Schilling. Hier zeigt sich auch eine für Herbert charakteristische Gespaltenheit – ein paar Tage zuvor war er mit dem billigsten Zugticket nach Wien gekommen, fast ohne einen Groschen in der Tasche.

Herbert hatte damals noch Lesungen in Salzburg und Graz. Auf seinem Leseabend in Wien kritisierte er die Wertlosigkeit der poetischen Avantgarde, als er meinte, dass „die Dichtung ihre Würde, ihren Sinn und ihren Platz wiedergewinnen könnte, wenn sie sich mit der Geschichte und dem Schicksal des Menschen verbündete. Eine solche Dichtung evoziert die ewig menschlichen Empfindungen wie Zorn, Freude, Mitgefühl. Die alten Worte: Freiheit, Güte, Schönheit haben – entgegen allen Behauptungen der Pessimisten! – ihren Sinn nicht eingebüßt. Die moderne Dichtung sollte diese Worte aufs Neue definieren, sie im Bewusstsein verankern. Ein Dichter – sofern er seine Arbeit ernst nimmt – ist Richter, Ankläger und Angeklagter seiner Zeit".[7] Jahre später sagte er seinem englischen Freund und Kritiker Al Alvarez, dass der Lenau-Preis ihm besondere Genugtuung bereitet hätte. In einem polnischen Lexikon sei daraus der Lenin-Preis geworden, was Herbert aber nie richtigstellte. „Das war ein großes Gaudium, meinte er. Die Parteimitglieder wunderten sich: Wir haben nicht gewusst, dass Sie den Lenin-Preis erhalten haben. Ich bin ein bescheidener Mensch, gab ich zur Antwort, ich wollte mich nicht brüsten".[8]

* * *

---

5   Brief Z. Herberts an I. und T. Byrski, Zitat nach: Osiński, Zbigniew: S. 77.

6   Brief Z. Herberts an Cz. Miłosz, Wien, 28. Oktober 1965; Czeslaw Milosz Papers, Beinecke Library, Yale University, USA.

7   Herbert, Zbigniew, „Ein Wiener Journalist …", Zbigniew Herbert Archiv (ZHA), Nationalbibliothek Warschau. (Faksimile der Rede ist im Anhang des Bandes enthalten).

8   Alvarez, Al: „Nie walczysz, to umierasz". In: *Poznawanie Herberta 2.* Franaszek, Andrzej (Hrsg.). Wydawnictwo Literackie: Kraków 2000, S. 22.

In Herberts Archiv sind jene Notizen erhalten, die der Dichter zum Jahreswechsel 1965/66 machte, sie geben Aufschluss über sein Verhältnis zu Wien, vielleicht waren sie auch für eine literarische Skizze bestimmt, deren Held die Stadt Wien ist.[9] Man erkennt, dass Wien für ihn eine Stadt des Barock ist, er erwähnt hier auch, dass „Mark Aurel am Beginn seiner ‚Meditationes' diejenigen Personen nennt, denen er am meisten verdankt. Ich könnte eine ähnliche Liste von Städtenamen anführen, die mich in die Kunst vergangener Epochen eingeführt haben: Paestum – die Dorer, Wien – Barock". Beim Spazierengehen in Wien fallen ihm die vielen älteren Menschen auf, der Hang zu Verkleinerungen, die Atmosphäre der Vorkriegszeit, die allgegenwärtigen Konditoreien und weichen Teppiche, „als wollte man jemandes Schritte dämpfen". Mit Begeisterung liest er Schilder und Telefonbücher, denn die Namen geben Aufschluss über die ethnische Zusammensetzung der Stadtbevölkerung, die aus der Zeit der Vielvölkermonarchie stammt. Wir sind also nicht überrascht über eine Bemerkung wie „ich liebe zusammen gewürfelte Gesellschaften – Alexandria, das Sizilien der Normannen". Aus jedem einzelnen Satz könnte ein beeindruckendes Bild entstehen, in dem in der Stille die Unruhe enthalten wäre, das Bild einer Stadt, deren Fassaden aussehen, als ob sie vom Föhn zerzaust worden wären, vielleicht auch vom Klang in Schwingung versetzter Glocken.

Nachdem alle Verpflichtungen eines Preisträgers erledigt waren und Herbert eine Zeit lang über den nötigen materiellen Rückhalt verfügte, suchte er vor allem Ruhe für seine Arbeit. Er übersiedelte aus dem teuren, von der österreichischen Seite bezahlten Hotel in eine Privatwohnung in der Geusaugasse 41, und erwähnt in seinen Briefen gern, dass deren Besitzerin natürlich in Lemberg geboren war. Wenn das Telefon läutete, hob er nicht ab. Das Zimmer in der Wohnung war bequem, aber kühl,[10] vor allem im Februar, wie er an Miłosz schrieb: „eine hartnäckige Grippe mit Komplikationen hat mich befallen [...] Seit einem Monat trinke ich nicht mehr. Wie du zu Recht bemerkst, ist es nicht leicht mit dem Rauchen aufzuhören. So sitze ich im blauen Dunst in meinem großen, hellen Zimmer im 3. Bezirk, irgendwo in der Nähe hat Musil gewohnt".[11]

---

9 ZHA, Nationalbibliothek Warschau, Signatur 17955, Bd. 87.
10 Vgl.: „Am besten und am billigsten ist es, sich bei alten Witwen einzuquartieren. Ich wohne bei Fr. Somerfeld [...] Geusaugasse 41/14. jene Frau Somerfeld ist aus Lemberg gebürtig" – Brief Z. Herberts an R. Brandstaetter, Paris, 16. Juni 1966, Brandstaetter Roman, Korrespondenz 1949–1966, BK 12495, Bibliothek Kórnik.
11 Brief Z. Herberts an Cz. Miłosz, Wien, 17. Februar 1966. In: Herbert, Zbigniew/Miłosz, Czesław: *Korespondencja*. Toruńczyk, Barbara/Tabor, Maciej (Hrsg.). Fundacja Zeszytów Literackich: Warszawa 2006, S. 55.

Nach vier Monaten in Wien beginnt Herbert sich im Frühling 1966 zu langweilen. Aus einem Brief an Miłosz geht hervor, dass er nach einer ersten Wien-Begeisterung allmählich genug von der Hauptstadt Österreichs hat: „süß, muffig, freundlich und irgendwie ohne Zukunft (wie die Atmosphäre der Zwischenkriegszeit, zumindest in meiner Erinnerung). Aber ich nutze meine Zeit hier. Auch schlage ich dabei jenen Rest des Österreichers tot, den ich so viele Jahre unbewusst in mir getragen habe".[12] „österreicher" war etwas bissig mit Kleinbuchstaben geschrieben, so wie sich auch in Herberts Notizen skeptische Bemerkungen zur literarischen Szene der Hauptstadt befinden. Vielleicht beruft sich Herbert dabei auch auf Thomas Bernhard, auf „einen Mangel an ideologischen und künstlerischen Diskussionen. B. sagt, immer, wenn er irgendjemanden angegriffen habe, sei keine Antwort erfolgt. Erst nach einem halben, einem ganzen Jahr habe er einen Fußtritt bekommen".[13] Dazu kommt, wie wir aus einem Brief Herberts an das Ehepaar Czajkowski erfahren, dass „der Preis wie Schnee in der Sonne schmilzt, auch wenn ich wie ein Mönch lebe (aus einem Kloster mit einer nicht allzu strengen Regel)".[14]

In schwierigen Momenten, und für einen einsamen Menschen zählen mit Sicherheit die Weihnachtsfeiertage dazu, konnte Herbert auf die Hilfe seiner Londoner Freunde zählen. Magdalena und Zbigniew Czajkowski kamen im Dezember 1965 nach Wien, was der Dichter mit großer Zufriedenheit an Kazimierz Wierzyński berichtete: „denn obwohl die Österreicher sehr nett zu mir sind, so muss ich doch mit lauter Stimme unsere polnischen Weihnachtslieder schmettern, und das verstehen sie nicht".[15] So haben sie zu dritt den Heiligen Abend verbracht, haben die Mitternachtsmette im schrecklich überfüllten Stephansdom überlebt, danach haben sie auch den Friedhof der Namenlosen besucht, alles Opfer der Donau – Selbstmörder und Ertrunkene, wo die meisten Grabplatten mit der Inschrift „N.N." versehen sind. Zum Jahreswechsel begaben sie sich weit weg von Wien, in das hoch in den Bergen gelegene Bad Gastein, wo – wie sich später Magdalena Czajkowska erinnerte – „die riesigen, schweren Hotelgebäude von der Beliebtheit dieses Ortes zeugten, in einer Zeit, wo

---

12 Brief Z. Herberts an Cz. Miłosz, Wien, 17. Februar 1966; vgl. Herbert, Zbigniew/ Miłosz, Czesław, S. 55.

13 ZHA, Nationalbibliothek Warschau, Signatur 17955, Bd. 87.

14 Brief Z. Herberts an M. und Z. Czajkowski, Wien, 25. November 1965. In: *Herbert i „Kochane Zwierzątka"*. Czajkowska, Magdalena (Hrsg.). Rosner i Wspólnicy: Warszawa 2006, S. 89.

15 Brief Z. Herberts an K. Wierzyński, Wien, 20. Dezember 1965; Kazimierz Wierzyński Archiv, The Polish Library POSK, London.

das Trinken des Wassers aus einer Heilquelle in ‚gewissen Kreisen' ein gesund-
heitlich-gesellschaftliches Ritual war. Wir machten wunderbare Spaziergänge
auf den verschneiten Berghängen". Vielleicht war das nicht ganz ein „Zauber-
berg", aber beinahe, und der bereits etwas in die Jahre gekommene Hans Castorp
konnte noch an eine weitere Clawdia denken, die er kennenlernen durfte.

* * *

„Angelika Hauff-Nagl war die verrückteste Frau in meinem Leben"[16] – so kom-
mentiert der Dichter diese Bekanntschaft nach vielen Jahren, schon im Alter, als
er an eine Autobiographie denkt. Angelika kam als Alice Paula Marie Suchanek
1922 in Wien zur Welt, sie begann schon als Kind ihre Karriere auf der Bühne,
sie tanzte im Staatsopernballett, kam später unter die Fittiche des Visionärs
Max Reinhardt. Sie spielte bereits sehr früh in Filmen, so auch die hübsche und
gewitzte Susanne in einer Verfilmung von „Figaros Hochzeit", war vor allem aber
mit dem Burgtheater verbunden. Wahrscheinlich hat Herbert in einem der Cafés
in der Nähe auf sie gewartet.

Man wird wohl nicht mehr in Erfahrung bringen, wie sie sich kennengelernt
haben, vielleicht hat sie einmal seine Gedichte deklamiert; man kann aber leicht
auf die Art dieses Verhältnisses schließen. Der Dichter wurde zum Liebhaber,
oder vielleicht: Er verliebte sich in eine Frau mit einem intensiven Gefühls-
leben, in eine andere Art Frau als seine bisherigen Partnerinnen. Sie war eine
Bühnenschönheit mit klassischem Profil, sinnlichen Augen und üppigem Haar.
Man könnte sagen, dass da ein Hollywood-Star mit der Kraft und Entschieden-
heit Wagners eine interessante Verbindung eingegangen war. So zumindest sieht
Angelika auf manchen Fotos aus, im unmittelbaren Kontakt konnte sie eine
explosive Mischung gewesen sein. Sie war keine junge Absolventin einer Schau-
spielschule mehr, war seit Kurzem Witwe, hatte einen Sohn. Aus den Briefen
wissen wird, dass sie sehr verliebt war, jedoch auch die Würde einer reifen Frau
wahrte. Zuweilen träumte sie, aber eigentlich forderte sie nichts, auch wenn sie
einmal meinte, der mit beiden bekannte Roman Brandstaetter hätte ihr über-
bracht, dass „ganz Polen davon redet, dass wir heiraten werden".[17]

Zu einer Heirat kam es natürlich nicht, ihre Wohnung wurde zu einem der
vielen Domizile an verschiedenen Orten, wo Herbert einen Koffer, Kleidung
und Bücher zurückließ, die er nie mehr abholte. Jahre später schrieb er auf einer
Postkarte aus Berlin: „Liebes [sic!] Angelika, diese Karte habe ich für Dich vor 4

---

16 ZHA, Signatur 17956, Bd. 3.
17 ZHA, Signatur 18005, Bd. 29.

Jahren gekauft. Die Briefmarken vor 2 Jahren. Es ist kein Wunder, daß ich schon jetzt schreibe. Aber denke an Dir [sic!] immer u. treu. Willst Du das glauben – also das ist gut für dich. Wenn nicht – Staub, Leere, Nihilismus".[18] Die wenigen Monate, die die beiden zusammen verbrachten, waren voll von Leidenschaft und Sinnlichkeit. Am liebsten kaufte er ihr gebratene Maroni, sie brachte ganz im Stil der Diva Austern aus Paris, es kam zu einer, wie Herbert notierte, „Austernorgie".[19] Zu dieser Bemerkung passt eine andere Notiz, welche die Sinnlichkeit der Berührung beschwört: „wie jener besagte Nerzmantel Angelikas, den sie immer anzog, wenn sie mich aus dem Gleichgewicht bringen wollte".[20]

Wenn man jenseits der Vierzig ist, schützt das nicht vor Leidenschaft, vielleicht ist das sogar das Alter für die am meisten dramatische (und vielleicht auch die letzte) Liebe des Lebens, zumindest aber die sinnlichste. Und eine solche war Herberts Liebe zu Angelika Hauff. Um jedoch keine stereotype Vision einer *Femme fatale* zu kreieren, fügen wir noch hinzu, dass der Dichter nicht nur im Zuschauerraum des Theaters saß und, wer weiß, vielleicht auch filmreif mit einem Blumenstrauß an die Tür ihrer Garderobe klopfte. Sie verbrachten auf vielfältige Weise die Zeit miteinander. Bei seiner Reflexion über die „österreichischen" Eigenschaften erwähnte Herbert, dass „wer Fleisch und Stein liebt, keine Nippes lieben kann, aber wer so stark mit Wien verbunden ist, der müsse zumindest Porzellan lieben lernen. Bei diesem Lieben-Lernen half mir Angelika, mit der ich am Samstagvormittag auf den Hohen Markt ging, wo es einen Flohmarkt gab. Auf den Ständen lagen verschiedene Gegenstände, zurückgelassen von Witwen, Rentiers, kleinen Sammlern, Fanatikern. Glas, Kerzenständer, Stiche, die ihre Häuser, ihre Schränke und Schubladen verlassen hatten und nun im Staub der Verlassenheit auf neue Besitzer warteten".[21] Angelika wollte sich auch um ihn kümmern, sie sandte ihm kleine Geschenke, vielleicht sogar vom Flohmarkt – einmal waren es Kaffeelöffel, ein andermal eine Pelzmütze.

Auch in den Briefen, die er damals an das Ehepaar Czajkowski schrieb, erwähnte er oft Angelika, also seinen Engel. Wir wissen also, dass „Angelika sehr gut zu mir ist, sie nimmt mich überallhin mit und lässt mich nicht allein sein",[22] obwohl die Beziehung zu dem Engel sich zumeist „einmal so, einmal so" gestaltet:

---

18 Postkarte von Z. Herbert an A. Hauff, Berlin, ZHA, Signatur 18005, Bd. 29.
19 ZHA, Signatur 17955, Bd. 87.
20 ZHA, Signatur 17849, Bd. 4.
21 ZHA, Signatur 17858, Bd, 3.
22 Brief Z. Herberts an M. und Z. Czajkowski, Wien, 12. Januar 1966; ZHA, Signatur 17964, Bd. 1.

„Wir waren nur einen Tag zusammen in Gösing, eine sehr schöne Ortschaft, und es
war prima. Ich habe gerodelt und habe mich dort wahrscheinlich verkühlt. Mein Engel
ist arm, man muss ihn auch an der Pfote halten. Steht um sieben Uhr auf und erledigt
irgendwelche grässlichen Nachlassverfahren, streitet sich mit Finanzämtern herum; um
zehn Uhr hat er im Theater eine Probe, bis vierzehn Uhr, an den Nachmittagen liest er
am häufigsten diese grauenvollen österreichischen Gedichte (einmal habe ich ihm sogar
geholfen und habe Dias zu diesen Gedichten projiziert – das ist mir sehr gut gelungen,
nur zwei waren kopfüber), er spielt täglich von neunzehn bis zweiundzwanzig Uhr in
einem schrecklichen Theaterstück, in dem er die Rolle eines Straßenmädchens gibt, in
‚Peer Gynt‘ ebenfalls. Um also die Atmosphäre beim Empfang nach der Premiere etwas
zu beleben, habe ich eine längere Rede gehalten, dass die Österreicher 1⁰ keine Literatur
haben; 2⁰ Feiglinge sind; 3⁰ Kollaborateure waren. Danach habe ich ‚Heil Hitler‘ gesagt
und bin hinaus in die Nacht. Am nächsten Tag kam sie zu mir; ich bin mit Fieber im Bett
gelegen, wir haben uns irgendwie versöhnt. Während meiner Krankheit war sie ganz
toll. Am nächsten Sonntag bringt sie mich in ihr Haus in Mödling, wo ich eine Woche
(allein) bleiben und schreiben werde“.[23]

Für Herbert begann damals eine Zeit, wo der Alkohol ihn in Zustände versetzte,
die er nicht wirklich kontrollieren konnte, in den folgenden Jahren hat er auf
diese Weise seine Freundschaften strapaziert oder ruiniert, manchmal scha-
dete der Hang zum Trinken auch seiner Karriere. Wie man aus dem nächsten
Brief sieht, brachte ihm auch die leicht provinzielle Atmosphäre in Mödling bei
Wien keine Ruhe. Und sein Engel vermochte ihn nicht immer vor dem Teufel
zu bewahren:

„Zu meinem Namenstag hatte ich einen Leseabend in Mödling. Mein Engel und der
hiesige Nestor der Schriftsteller F.T. Csokor […] lasen aus meinen Werken […], alles
ist gut gegangen, aber am Abend hat mich der Teufel geritten, ich ging zum Engel
ins Theater und danach habe ich mich in einer vornehmen Gesellschaft schlecht
benommen. Noch dazu hatte ich, Gott weiß warum, am Engel etwas auszusetzen.
Aber da habe ich meinen Meister gefunden. Der Engel ist Schütze, also ein wenig
Skorpion, als wir dann schon allein im Auto saßen, schlug er mich mit dem Blumenstrauß auf den Kopf, woraufhin ich in die dunkle Nacht entschwunden bin, ich
wollte mich ertränken, habe aber den Fluss nicht gefunden – wie Magda zu sagen
pflegt.
Am nächsten Tag bin ich etwas verlegen mit Blumen umhergeirrt und habe die belei-
digten Österreicher um Verzeihung gebeten. Zufällig habe ich den Engel getroffen, er
hat mich ins Auto verfrachtet und schrecklich mit mir geschimpft. Ich dachte, das ist
das Ende, aber der Engel befahl mir zu ihm zu kommen und der Engel sagte, wenn
ich zu viel Kraft in den Knochen hätte, dann solle ich ihm helfen, Teppiche zu klopfen.

---

23 Brief Z. Herberts an M. und Z. Czajkowski, Wien, ZHA, Signatur 17964, Bd. 2.

Teppiche habe ich nicht geklopft, aber ich habe in der Bibliothek Ordnung gemacht + einen Katalog + Staub gewischt. Und überhaupt bin ich jetzt verdammt ordentlich […]. Amen".[24]

* * *

Der mehrmonatige Aufenthalt in Wien brachte auch zahlreiche schriftstellerische Ideen, Arbeiten, von denen einige nur Fragmente blieben, andere wurden freilich vollendet. Damals schrieb Herbert eines seiner bekanntesten Gedichte, in seinem Notizbuch mit einem präzisen Datum versehen: „Gösing, Alpenhotel, 16. Januar 1966, mit Angelika", das zu Beginn den Titel trug: „Warum liebt Herr Cogito Klassiker".[25] Zwei Monate später sandte er den Text an Czesław Miłosz, der gerade dabei war, seine Gedichte für einen vom englischen Verlag Penguin geplanten Gedichtband ins Englische zu übersetzen, und schrieb dazu: „ich lege ein Gedicht über Klassiker bei. Wenn es Dir passabel erscheint, dann bitte ich um Beifügung zu den „Poems" mit einer kurzen, aber für mich wichtigen Widmung".[26] Die Widmung lautet natürlich „Für A.H.", der endgültige Titel des Gedichtes – „Warum Klassiker".

---

24 Brief Z. Herberts an M. und Z. Czajkowski, Wien, 25. März 1966. In: Czajkowska, Magdalena (Hrsg.): S. 97.
25 ZHA, Signatur 17955, Bd, 86.
26 Brief Z. Herberts an Cz. Miłosz, Selpritsch, 4. März 1966. In: Toruńczyk, Barbara/ Tabor, Maciej (Hrsg.): S. 61.

Warum Klassiker

für A. H.

I
Im vierten Buch des Peloponnesischen Krieges
erzählt Thukydides unter anderem
die geschichte seines misslungenen feldzugs

neben den langen reden der führer
schlachten belagerungen seuchen
dichten netzen von intrigen
diplomatischen schritten
ist diese episode wie eine nadel
im wald

die griechische kolonie Amphipolis
fiel in die hände des feindlichen führers Brasidas
weil Thukydides mit dem entsatz zu spät kam

er zahlte der heimatstadt dafür
mit lebenslänglicher verbannung

die vertriebenen aller zeiten
kennen den preis

II
die generäle der letzten kriege
wenn ihnen ähnliches zustößt
knien vor der geschichte
beteuern ihr heldentum und ihre unschuld
sie klagen die befehlsempfänger an
die neidischen kollegen
die ungünstigen winde
Thukydides sagte nur
er hätte 7 schiffe gehabt
es wäre winter gewesen
er wäre schnell gesegelt

III
wenn ein zerschlagener krug
zum thema der kunst wird
die kleine zerschlagene seele
mit dem großen leid über sich
wird das was nach uns zurückbleibt
wie das weinen des liebespaares
in einem kleinen schmutzigen hotel
wenn morgens die tapeten dämmern[27]

Herbert beruft sich hier offensichtlich auf Thukydides, seinen „Peloponnesischen Krieg", den er vor kurzen zusammen mit den Czajkowskis auf der Akropolis gelesen hat. Der Geschichtsschreiber aus dem fünften vorchristlichen Jahrhundert, Chronist des blutigen, nahezu dreißig Jahre dauernden Bruderkrieges, war als Bürger Athens Befehlshaber auf der Insel Thasos, von wo aus er den Entsatz der von den Spartanern angegriffenen Kolonie Amphipolis leitete. Er schreibt über sich selbst in der dritten Person: „Thukydides aber lief mit seinen Schiffen am selben Tag spät abends in Eion ein."[28] Trotz aller Anstrengung kam er nicht rechtzeitig an, wofür er mit zwanzigjähriger Verbannung bestraft wurde. Herbert fällt auf, dass dieses für den Berichterstatter tragische Ereignis nur beiläufig in einem neutralen Ton erwähnt wird, in dem Gesamtwerk scheint es – erinnern wir uns an den Vergleich – „wie eine nadel im wald" zu sein, obwohl die Zwangsemigration – Herbert hat manchmal selbst darüber nachgedacht – eine überaus schwere Probe ist: „die vertriebenen aller zeiten / kennen den preis". Der Dichter meint, die heutigen Anführer, oder ganz einfach unsere Zeitgenossen, konzentrieren sich in einer ähnlichen Situation auf sich selbst, „knien vor der geschichte / beteuern ihr heldentum und ihre unschuld". Die Opposition strebt auf die endgültige Schlussfolgerung zu. Rufen wir uns in Erinnerung: „wenn ein zerschlagener krug / zum thema der kunst wird / die kleine zerschlagene seele / mit dem großen leid über sich // wird das was nach uns zurückbleibt / wie das weinen des liebespaares / in einem kleinen schmutzigen hotel / wenn morgens die tapeten dämmern".

---

27 [Der Text zählt zu Herberts „Wiener Gedichten", die in *Protokolle ´67* erschienen sind. Siehe den Anhang des vorliegenden Buches. Zu diesem Gedicht gibt es eine überarbeitete Übersetzung von Karl Dedecius, vgl.: Herbert, Zbigniew: „Warum Klassiker". In: Ders., Krynicki, Ryszard (Hrsg.): *Gesammelte Gedichte*. Suhrkamp: Berlin 2016, S. 300f. Anm. des Herausgebers].

28 Thukydides: *Der Peloponnesische Krieg*. Vretska, Helmuth/Rinner, Werner (Hrsg. u. Übers.). Reclam: Stuttgart 2017, S. 359.

Dieses Weinen, dem Autor des Gedichtes vielleicht nicht fremd, ist voll Schmerz, aber es wird nicht zu einem Werk, zu etwas, das überdauern wird, dem Verfall und dem Nichts entgeht. Wir nähern uns hier der fundamentalen Überzeugung Herberts, dass der Künstler seine eigene „kleine Seele" verlassen muss. Um aber die etwas verschwindenden und verworrenen Fäden zu verbinden, müssen wir hinzufügen, dass Herbert eineinhalb Jahre später seiner Wiener Geliebten aus Paris einen Brief schickt, in dem er lakonisch mitteilt, dass er soeben geheiratet hat, was für die Empfängerin eine riesige Überraschung ist. Sie zeigt sich dieser Herausforderung jedoch gewachsen und antwortet ihm mit Würde und Zärtlichkeit: „Liebster Zbigniew! Habe mich über so gefreut, endlich von Dir ein Lebenszeichen zu bekommen. Als ich den Brief gelesen habe, war ich traurig – weil man immer einen Menschen verliert, wenn er heiratet – aber bei einem berühmten Dichter ist das vielleicht anders. […] Bitte bleibe mein Freund. Ich wünsche Dir alles Gute und viel Glück vom ganzen Herzen. Wann immer Du mit Deiner Frau nach Kärnten kommen willst – im Sommer, komme. […] Bleibe gesund, das ist so wichtig – und bitte komme einmal – aber bald, nicht in zehn Jahren"[29]. Zbigniew kam offenbar etwas früher, denn im Jahr 1973 berichtet er Dedecius über Angelika: „ich mag sie sehr gerne und im Alter habe ich beschlossen, gut zu den Frauen zu sein. Sie ist eine Riesenportion eines warmherzigen Menschen und Freundes"[30].

Aus dem Polnischen von J. Ziemska

---

29 Brief A. Hauffs an Z. Herbert, Selpritsch, 21. August 1968; ZHA, Signatur 18005, Bd. 29.
30 Brief Z. Herberts an K. Dedecius, Wien, 22. Mai 1973; Karl Dedecius Archiv, Collegium Polonicum Słubice.

Małgorzata Bogaczyk-Vormayr

„Die Glocke der Erinnerung": Zbigniew Herbert und Jean Améry

Prof. Ewa Nowak gewidmet – in Dankbarkeit für jede
Unterstützung und die gute Zusammenarbeit am
Institut für Philosophie der Universität Posen

Einleitung: Die Begegnung

„Die Glocke der Erinnerung weckt nicht Gespenster oder Albe / die Glocke der Erinnerung wiederholt die große Vergebung",[1] schrieb Zbigniew Herbert im Jahre 1978[2] in Erinnerung – an Jean Améry. In dem Gedicht, welches Herbert nach Amérys Suizid verfasste und welches erst nach seinem eigenen Tod veröffentlicht wurde, kommt zum Ausdruck, was die beiden verbunden, sie ihr ganzes Leben lang begleitet hatte und sich zum beherrschenden Inhalt ihrer Werke formierte: die Klage, dass die Schuld ausgeräumt werde, damit man auf den Plätzen der Folter und der Vernichtung die (sogenannte) neue Welt aufbauen könne.

Ich möchte die Begegnung von Zbigniew Herbert und Jean Améry zwischen zwei anderen Ereignissen situieren: Von Ende August bis Anfang September 1975 besuchte Herbert das Europäische Forum Alpbach, wo er an einem Panel teilgenommen hat. Danach verbrachte er eine erholsame Zeit im Salzkammergut und gemeinsam mit seiner Frau, in Begleitung von Wolfgang Kraus, besuchte er Améry und dessen Frau Marie Leitner in Hallstatt.[3] Kurze Zeit später, noch im September 1975, hielt Herbert an der Berliner Akademie der Künste einen

---

1 Herbert, Zbigniew, übers. Schmidgall, Renate: „Aus einer ungeschriebenen Theorie der Träume". In: Ders., Krynicki, Ryszard (Hrsg.): *Gesammelte Gedichte*. Suhrkamp: Berlin 2016, S. 633.

2 Die Endversion wurde zwischen 1978 und 1980 verfasst – vgl. Herbert, S. 634.

3 In den 60er und 70er Jahren vertieften sich die Beziehungen, die Zbigniew Herbert zu seinen deutschen Übersetzern, Redakteuren und Verlegern hatte; er pflegte besonders den Kontakt zu Karl Dedecius, Günther Busch sowie in Wien zu Wolfgang Kraus. Über den Besuch in Österreich im Sommer 1975 – Franaszek, Andrzej: *Herbert – Biografia II: Pan Cogito*. Znak: Kraków 2018, S. 488–489, 873. [Das Treffen in Hallstatt wurde fotographisch dokumentiert, siehe die Abb. 23 im Anhang des Buches. Anm. des Herausgebers].

Vortrag mit dem Titel „Die Gegenwart der Geschichte".[4] Er sprach dort über die Verweigerung der „dunklen Vergangenheit", die Ballast auf dem Weg „zur schönen neuen Welt" sei, er sprach über das „Absterben des historischen Bewusstseins", welches in der Verbindung mit dem „unmodischen Begriff des Gewissens" bleibe.[5] Zu Recht also gilt im Narrativ der österreichischen und deutschen Beziehungen Herberts die Behauptung, dass Herbert Améry als jemanden ihm nahestehenden, ich würde sagen: verwandten, erlebte.[6]

Diese „Verwandtschaft" wird auch in der öffentlichen Reaktion auf beide Autoren deutlich. In der öffentlichen Wahrnehmung des literarischen Werkes von Herbert wie auch seiner politischen und ethischen Äußerungen, die er schon in den 90er Jahren nach der Wende gewagt hat, gilt dieser Dichter in Polen als ein moralisierender Intellektueller, ein ironischer und distanzierter Philosoph und letztlich auch als ein ungerechter Prinzipienreiter. Mit der Aufmerksamkeit, welche Westeuropa der Person Jean Améry und dessen Werk in den ersten Jahrzehnten nach dem Krieg schenkte, entwickelte sich sehr schnell eine eher vorsichtige Art der Anerkennung, die dem Autor offiziell nie die Achtung versagt hatte, die sich allerdings nicht ganz entfalten konnte wegen Amérys angeblich „unpassender", ja sogar reaktionärer Neigung zum Ressentiment. In dem Essay „Ressentiments" aus dem Buch *Jenseits von Schuld und Sühne. Bewältigungsversuche eines Überwältigten* will Améry diesen Vorwürfen wegen seines „Mangels an Takt"[7] nachgehen und sein Ressentiment analysieren:

> Ich gehöre jener glücklicherweise langsam ausgestorbenen Spezies von Menschen an, die man übereinkommensgemäß die Naziopfer nennt. Das Volk, von dem ich spreche und das ich hier anrede, zeigt gedämpftes Verständnis für meinen reaktiven Groll. Ich selber verstehe diesen Groll nicht ganz, noch nicht [...]. Ich spreche als Opfer und untersuche meine Ressentiments.[8]

Wenn man auch geübt ist in der Auseinandersetzung mit den „Ressentiments" solcher Autoren wie Varlam Šalamov, Aleksandr Solženicyn, Gustaw Herling-Grudziński oder Tadeusz Borowski – bis zur Lektüre des schmalen Bandes von Améry hat man sich wahrscheinlich nicht persönlich angegriffen und zutiefst

---

4 Der Text wurde auf Polnisch verfasst und von Klaus Staemmler übersetzt. Das polnische Original, „Współczesność historii" wurde veröffentlicht u. a. in: *Zeszyty Literackie* 2004, Nr. 86, S. 7–11.

5 Zum Vortrag vom 20.09.1975 sowie zu seinem Inhalt vgl.: Franaszek, S. 503–504.

6 So z. B. in: Franaszek, S. 512.

7 Améry, Jean: „Ressentiments". In: Ders.: *Jenseits von Schuld und Sühne. Bewältigungsversuche eines Überwältigten*. Klett-Cotta: Stuttgart 1977, S. 116.

8 Améry, S. 115.

verunsichert gefühlt. „Ressentiment" bedeutet doch für uns Gegenwärtige eine sozialethische Unreife, eine Selbst- und Wieder-Gefangenschaft, eine zerstörerische und somit selbstzerstörerische Haltung. Man könnte formulieren: Ressentiment ist ein letztlicher Sieg der Verbrecher über deren Opfer. Aber die „Bekehrung" zum Ressentiment, welche Améry vollzieht, führt dazu, dass uns, den Aufgeklärten, alle eingeübten Worte des Dialogs plötzlich fehlen.

Wir möchten gegen den moralisierenden, anklagenden Ton des Ressentiments eine verbreitete und wohlklingende, allerdings ebenfalls moralisierende Kritik entgegenhalten, aber es fehlt uns plötzlich an Selbstsicherheit – angesichts der Tatsache, dass hier ein gefolterter und verfolgter Mensch spricht. Wir wagen nicht, ihm zu widersprechen, wenn er sagt, dass Auschwitz die Vergangenheit, Gegenwart und Zukunft sei.[9] Auschwitz ist ein Bestandteil der Geschichte – ein Ereignis innerhalb der menschlichen Erfahrung, und nicht ein Zeitpunkt – somit ist Auschwitz auch ein Teil der Zukunft. Améry sprach aber an dieser Stelle konkretisierend – von Auschwitz als Deutschlands Vergangenheit, Gegenwart und Zukunft. Er verweigerte sich der europäischen Erinnerungskultur, die als „jenseits von Schuld und Sühne" formuliert wurde. Diese sehr konkreten Vorwürfe und die Verweigerung des eigenen deutschen Namens machten Jean Améry zu einer *Persona non grata*. Ich bin der Meinung, dass nirgendwo dieser Tragik seines Lebens mehr Verständnis, Mitleid, aber auch Bestätigung entgegengebracht wurde als in Zbigniew Herberts Gedicht „Aus einer ungeschriebenen Theorie der Träume".

Herbert verstand diese tragische Lage an jener Schwelle zwischen der Last der Vergangenheit, der Last, ein Überlebender zu sein, und der Befreiung für eine Zukunft, die Befreiung, ein Überlebender zu sein:

> wahrlich es ist schwer zu gestehen die Täter haben gesiegt
> die Opfer sind bezwungen für alle Ewigkeit des Lebens
>
> also müssen sie sich selbst einigen mit der Strafe ohne Schuld
> mit der Narbe der Scham dem Abdruck der Finger auf der Wange
> mit dem schäbigen Willen zu überleben der Versuchung zu verzeihen
> die Erzählung von der Hölle aber weckt zu Recht nur noch Abscheu[10]

Da dieses vom Autor in keinem der nachfolgenden Gedichtbände veröffentlichte Gedicht noch keine Rezeption hat, da es uns noch fehlt, diesen Text innerhalb des Gesamtwerkes Herberts zu beleuchten und zu konfigurieren, fordert es uns vielleicht sogar auf, solche Zusammenhänge zu finden und den eigenen

---

9   Améry, S. 138.
10 Herbert, S. 634.

aufmerksamen Blick auf den Helden dieses Textes, Jean Améry, zu richten. Man fragt sich, welchen Menschen – welche Erfahrung, Angst und Hoffnung – Herbert in diesem Gedicht schildert. Deshalb werde ich hier Zbigniew Herbert folgen und auch meinen eigenen Blick auf Jean Améry richten – vor allem auf seinen autobiografischen Bericht *Jenseits von Schuld und Sühne*. Vorher jedoch, im ersten Teil des Aufsatzes, möchte ich die Lektüre von „Aus einer ungeschriebenen Theorie der Träume" noch um ein anderes Gedicht Herberts erweitern.

Teil I: Ein zu großes Gedächtnis, ein zu kleines Herz

Es gibt ein Gedicht, das sich wie eine nicht viel spätere und literarisch bessere Version von „Aus einer ungeschriebenen Theorie der Träume" liest: In „Das kleine Herz", einem Gedicht aus dem Band *Elegia na odejście* (*Elegie auf den Fortgang*) (Paris 1990), spricht der Autor in der ersten Person (allerdings hat der Text auch diesmal eine Widmung – an den polnischen Essayisten, Romancier und Kriegsüberlebenden Jan Józef Szczepański). Diese zwei Gedichte erzählen das Gleiche – sie erzählen von der Kraft der Erinnerung, vom Fiasko des Versuchs, sich vom Gedächtnis zu befreien, vom Schmerz und gleichzeitig von der Gewissheit, welche dieses Fiasko mit sich bringt. Dem Bild „der Glocke der Erinnerung" entspricht hier „ein Netz bitterer Betrachtungen", welches der Ich-Erzähler, eine „ergraute Spinne", schon jahrelang webt. Ich möchte diese beiden Figuren analysieren und somit vergleichen.

Im Gedicht an Jean Améry wurde die Strophe mit dem Bild der Glocke zweimal verwendet, was dem Text eine besondere Melodie – besser: einen *Klang* – gibt. Diese Strophen bilden eine Zäsur bzw. eine Wendung im Text des Gedichtes. Es sind nämlich zwei unterschiedliche Versionen „der Glocke" – andere Inhalte, vielleicht gar Botschaften, welche diese Glocke anzukündigen hat und welche die Dynamik dieses Gedichts bestimmen. Es handelt sich also um ein entscheidendes Element in der Dramatik des Textes – gleichzeitig um das Erzählende und die poetischen Mittel, die diese Erzählung ausdrücken sollen. Diese Dynamik zeigt sich im Wechsel vom beruhigenden Läuten der Glocke, welches von einer gewissen Ordnung in der Welt und im Leben der Menschen kündet bzw. sie bestätigen soll, bis zur Alarmglocke – da wird „die Glocke der Erinnerung" von anderen Händen zum Klingen gebracht. Es sind jetzt jene, denen die Stimme, das Recht auf Klage versagt wurde: „die Glocke der Erinnerung wiederholt das große Entsetzen / die Glocke der Erinnerung schlägt unverändert Alarm".[11]

---

11 Herbert, S. 634.

Sie greifen jetzt zu, um in einem letzten Versuch Alarm zu schlagen (wie taktlos!), schlussendlich jedoch müssen sie erfahren: „es gibt keinen Ort mehr um Klage einzureichen / unbegreifliche Urteile fällt das Tribunal der Träume".[12]

Man kann es hören und sogar sehen (viele Texte von Herbert wirken wie ein Gemälde): Der helle Morgen – die Welt in Ruhe und die Menschen in ihrer Selbstzufriedenheit, und das Läuten der Kirchturmglocke bestätigt dies alles in seiner Ordnung – wird unvermittelt mit Unruhe und Spannung erfüllt, die in der Luft spürbar sind, durch welche die idyllische Landschaft einer Kleinstadt zu ihrer eigenen Karikatur verkommt, mit entblößten Kulissen, d. h. mit einer Wahrheit aus der Vergangenheit dieser Menschen.

Die Glocke aus dem Gedicht an Améry ist auf jedem Fall nie still, sie ist wie eine Instanz, die für die Städte, Menschen, Generationen läutet und ihnen die Ordnung der Dinge ankündigt: zu Beginn das neue Gesetz als Zeit der Vergebung, dann das Fiasko einer Anklage gegen diese neue Ordnung. Das Netz aus dem Gedicht „Das kleine Herz" erscheint im Gegenteil als etwas nicht Öffentliches, nicht für andere Augen präsent und vor allem – als etwas Fragiles. Während die Glocke die Stärke repräsentiert – gegen welche nicht mehr zu polemisieren ist –, verkörpert das Netz de facto die Schwäche: Im Bild des Spinnennetzes und dessen Festigkeit zeigt sich die meisterhaft „gewebte" Selbstgefangenschaft. Es ist der Preis und die Notwendigkeit, in den „bitteren Betrachtungen" gefangen zu sein, wenn man das Gedächtnis in sich aufkommen lässt und dieses dann pflegt.

Interessanterweise, so begreife ich jetzt, soll der Begriff der Pflege hier eine zentrale Rolle spielen. Beide Gedichte sprechen von mehrerlei Erfahrungen der Pflege – von der Pflege der Erinnerung *versus* der Pflege der Gegenwart, vom Wegwischen des Gedächtnisses *versus* der Bewahrung der Vergangenheit, von der Pflege des Herzens *versus* der Pflege der Würmer im Herzen. In beiden Texten ist das Bild der Körperpflege die stärkste Aussage für die Unmöglichkeit, sich der Schuld zu entledigen. Im Gedicht „Aus einer ungeschriebenen Theorie der Träume" sind es das „Wasser des Vergessens" und die „Seife der Marke Macbeth", womit die „Kaufmannswangen" sorgfältig gewaschen werden, wenn der Kleinbürger mit dem Klang der Kirchturmglocke frühmorgens „voller Wille zur Macht" erwacht, und es ist das „Wasser des Mitleids", mit welchem das Ich aus dem Gedicht „Das kleine Herz" die „Gesichter des Hasses" aus dem Gedächtnis zu wischen versucht. Das Ziel der beiden Pflegerituale – so unterschiedlich sie auch verlaufen, ob alltäglich, selbstverständlich und doch pedantisch oder

---

12 Ibid. S. 634.

dramatisch, verwirrt, vielleicht hysterisch – ist das gleiche: die Welt vor dem
Krieg wiederherstellen, in die Welt der Unschuld eintauchen zu können.
Herbert zeigt auf kunstvollste Weise, wie das menschliche Schicksal in die
Frage der Ethik eingebunden ist: Es gibt Menschen, die scheinen dazu fähig zu
sein, eine neue Ethik aufzubauen und die Welt voranzubringen, anstatt sich in
schlaflosen Nächten in bittere Betrachtungen zu verwickeln. Dies ist ein Rätsel,
bei dem wir mit Herbert über diese Fähigkeit staunen, aber ebenso wie er sind
wir dem gegenüber nicht misstrauisch – wir glauben daran, dass der Mensch vor
allem dazu fähig ist weiterzumachen, mehr sogar. Es scheint, wie Herbert zeigt,
ein gewisses „Naturgesetz" zu sein, währenddessen das Wiedererleben der Vergangenheit gegen dieses Gesetz verstößt:

> Die Kugel die ich schoss
> im großen Krieg
> umkreise den Erdball
> und traf mich in den Rücken
> [...]
> die Kugel die ich schoss
> aus dem Kleinkalibergewehr
> umkreise den Erdball
> gegen die Gesetze der Gravitation
> und traf mich in den Rücken
> als wollte sie sagen
> – nichts werde
> niemandem vergeben[13]

Dies ist der Gedanke, der Jean Améry bis zu seinem Suizid verfolgte, dem Zbigniew Herbert dichterisch folgte, um über ihre Generation zu berichten: *Welches Gesetz darf gelten?* Auf der einen Seite steht „die Gravitation", der Fortgang
der Geschichte, die Wiederholung des Krieges und ein abermaliger Friedens-
schluss – und inmitten dessen immer wieder das zerbrechliche menschliche
Leben. Dann jedoch diese infizierten, krankhaften und endlosen „bitteren
Betrachtungen", in denen die Opfer nicht nur das eigene Leiden betrachten,
sondern das Mitwirken am Leiden insgesamt – also tatsächlich das zerbrechliche menschliche Leben. Alle Troststrategien des Überlebenden, oder para-
phrasierend: Bewältigungsversuche eines Überwältigenden und Überwältigten

---

13 Herbert, Zbigniew, übers. Dedecius, Karl: „Das kleine Herz". In: Ders., Krynicki, Ry-
    szard (Hrsg.): *Gesammelte Gedichte*, S. 480. [Das Gedicht liegt in dem Band in der
    Übersetzung von Alois Woldan vor, S. 23f. Anm. des Herausgebers].

(z. B.: „die Geschichte tröstete / ich hätte gegen die Gewalt gekämpft"[14]), werden früher oder später aufhören zu wirken.

Warum schlägt das Herz nicht zum neuen Rhythmus? Wie diese Glocke, die die „große Vergebung" so lange wiederholt, bis diese zu einer Regel, zu einem Gesetz erhoben wird. Die Öffentlichkeit spricht von der Vergebung, während der Einzelne sich dadurch erniedrigt fühlt und sich dafür schämt, die gute Zukunft nicht feiern zu können. Nur die Menschen mit kleinem Herz – so klingt die Belehrung der Gegenwart – pflegen ihre Ressentiments. Aber für Améry und Herbert ist die Erinnerungsarbeit – sagen wir: das Ressentiment – eine Notwendigkeit, von der es keinen Ausweg gibt. Jeder Versuch, sich von der Erinnerung zu befreien, ist sinnlos: Die Lebenserfahrung des Menschen führt ihn dazu, dass seine Betrachtungen um das „zu große Gedächtnis" und das „zu kleine Herz" kreisen müssen. Die Verlockung, sich von dem schweren Gedächtnis zu befreien, dieser verständliche und zutiefst menschliche Wunsch weiterzuleben, kapituliert angesichts der größeren Kraft des Geschehens und des Gewissens.

Die Glocke der Erinnerung, welche beruhigen soll, die zu neuen Taten und neuen Erfolgen aufruft, läutet nicht für so zerbrechliche „Dochodjagi"[15] wie Améry, für Menschen, die sich „ungläubig" und misstrauisch durchs Leben treiben lassen; anstatt sich endlich zurechtzufinden, bluten sie „in der Nacht in ihren reinen Laken / und gehen in ihre Betten wie in eine Folterkammer / wie in die Todeszelle wie in den Schatten des Galgens"[16].

Teil II: Das Aufwachen in Wörtern?

Der Band *Jenseits von Schuld und Sühne* beinhaltet sechs einzelne Essays, die in sich jedoch eine Ganzheit – von Erfahrungen und Bewältigungsstrategien – bilden. Ich werde mich hier auf drei dieser Texte beziehen: *An den Grenzen des Geistes*, *Die Tortur* und *Ressentiments*. Wie bereits angemerkt, versucht Améry in dem Buch – nicht nur seinen Kritikern entgegenkommend, sondern vor allem für sein eigenes Verständnis – sein „Ressentiment" zu untersuchen. Er unternimmt dies anhand eines detaillierten Berichtes über seine Kriegserfahrungen

---

14 Ibid. S. 480.
15 „Dochodjaga" – Bezeichnung für einen Gulag-Gefangenen, der an der Grenze zum Sterben ist; bekannt u. a. als Selbstbezeichnung von Šalamov, der sich als „lebende Leiche" beschrieben hat; aus dem Russischen von доходить – ankommen – bezeichnet es jemanden, der schon fast am Ziel ist, sprich: tot ist. Stilistisch bildet es eine Vorstellung des langsamen, schmerzhaften Todes sowie eine Assoziation mit dem Tod eines Tieres.
16 Herbert, S. 634.

(Exil, Kampf als Partisan und Folter durch Gestapo und SS, Gefangenschaft in mehreren KZs) sowie einer philosophischen – wenn auch sehr düster und doch eher stoisch verfassten – Reflexion über das Erfahrene. Und hier liefert dieses beeindruckende Buch von Améry schließlich doch einen Beweis gegen den stets hörbaren Tenor seines Berichtes, dass die Kraft der Reflexion, der humanistischen, philosophischen Bildung angesichts der reinen Gewalt zerbrechen müsse. Améry schreibt: „Das Wort entschläft überall dort, wo eine Wirklichkeit totalen Anspruch stellt"[17]. Es ist natürlich eine Paraphrase, etwa eine Weiterführung der letzten Zeile des berühmten Gedichtes „Man frage nicht" von Karl Kraus: „Das Wort entschlief, als jene Welt erwachte".

Verstummt tatsächlich das Wort – die Ratio wie auch die Poesie – im Zuge einer derartigen Demütigung, welche ein Humanist, ein aufgeklärter Mensch erlebt? Die Zeugnisse von Primo Levi (*Ist das ein Mensch?*, *Die Untergegangenen und die Geretteten*), Gustaw Herling-Grudziński (*Welt ohne Erbarmen*) oder Barbara Skarga (*Po wyzwoleniu – 1944-1956*; der deutsche Titel hieße: *Nach der Befreiung – 1944-1956*) illustrieren die bestehende Kraft des Wortes. Handelt es sich also darum, dass dem einzelnen Menschen zu einem gewissen Zeitpunkt seiner Lebenserfahrung die Kraft zum Aussprechen des Wortes fehlt? Das Wort (nochmals: ob Ratio, ob Poesie) verliert nichts von seiner Geltung. Es ist nur eine Strategie angesichts der Katastrophe zu sagen, dass es keine Worte gebe, um diese Katastrophe zu beschreiben und verständlich zu machen. Es ist eine menschliche Katastrophe und der Mensch kennt (entwickelte bereits, gebrauchte schon einmal) genug Worte, um diese zu beschreiben und zu erklären. Eine solche Klärung bietet auch das Buch von Améry. Um die Ausgangsituation in *Jenseits von Schuld und Sühne* zu begreifen, kann folgendes Porträt von Jean Améry, verfasst von Hanjo Kesting, hilfreich sein:

> So haben wir ihn vor uns: [...] Bezwingender Charme, ein wenig hilflos, ein wenig ironisch. Die Zumutungen des Alltags werden spöttisch ignoriert. Niemals ein lautes Wort. Jede Grobheit wie ein Riss in der Welt, Geistesmensch. Umfassende Bildung. Leben in Büchern, Bildern, Filmen, Gesprächen. Aber wie entfesselt am Steuer des Autos. Die Maschine als Werkzeug, nicht als Feindin des Menschen. Fortschrittsglaube und humane Skepsis – beides zugleich.[18]

Innerhalb der gesamten Literatur von Überlebenden verweist das Buch von Améry auf drei Themen, die nicht so selbstverständlich klingen: das spezifische

---

17 Améry, S. 50.
18 Kesting, Hanjo: „Der Tod des Geistes. Erinnerung an Jean Améry". In: Ders.: *Augenblicke mit Jean Améry*. Wallstein Verlag: Göttingen 2014, S. 14–15.

Los des Intellektuellen als KZ-Gefangenen; die Torturen während des Verhörs; die Entscheidung für das Ressentiment (ich habe es w.o. als „Bekehrung zum Ressentiment" bezeichnet).

Es ist klar, dass es die Intellektuellen waren, die ihre Kriegs- und KZ-Erfahrungen so verfasst haben, dass diese bald in vielen Sprachen als Klassiker gelten werden, aber die Fokussierung auf das Thema der besonderen Befremdung eines Intellektuellen als eines Fremdlings in der Welt der Gewalt ist eine „mutige" – ohne Angst, abgelehnt zu werden wegen eines Mangels an sozialdemokratischer Haltung, vielleicht gar als ein „Klassendenker".[19] Améry erklärt:

> Wer ist in dem von mir angenommenen Wortsinn ein Intellektueller oder ein geistiger Mensch? Gewiß nicht jeder Träger eines sogenannten Intelligenzberufes […]. Ein Intellektueller, wie ich ihn hier verstanden wissen möchte, ist ein Mensch, der innerhalb eines im weitesten Sinne geistigen Referenzsystems lebt. Sein Assoziationsraum ist ein wesentlich humanistischer […].[20]

Améry geht es darum, die Position eines sogenannten Intellektuellen innerhalb der Gefangenen-Gemeinschaft aufzuzeigen. Ein derart gebildeter und tätiger Mensch ist üblicherweise kein Fachmann, dessen Kenntnisse in der Lager-Welt von Nutzen sein könnten. Der „geistige Mensch" wird auch im Lager, unter jenen Menschen, denen man das Recht auf Freiheit versagt hatte, nochmals erniedrigt, noch niedriger als andere gestellt – sein Recht auf ein provisorisches Leben im KZ ist auf ein absolutes Minimum reduziert. Hier kommen wir zurück zum Thema des Wortes: Wer braucht *ein Wort* im Lager? Das „Wort" steht für das „Geistige" und für das „Bewahren", was in der Sprache von Zbigniew Herbert so klang: „Wir schlafen auf Wörtern ein / wir wachen in Wörtern auf"[21] – das Leben mit Wörtern erweist sich als Conditio Humana, weswegen man die Hoffnung nicht aufgeben will, „dass der Inhalt sich erfüllt"[22].

---

19 Interessant ist u. a. die Kritik des Kommunismus, welche das Buch von Améry beinhaltet – diese folgt aus seinen Erinnerungen an die Mitgefangenen, die Trost in irgendeiner Ideologie – ob Christentum oder Kommunismus – gefunden haben.

20 Améry, S. 20.

21 Herbert, Zbigniew, übers. Schmidgall, Renate: „*** [Wir schlafen auf Wörtern ein]". In: Ders., Krynicki, Ryszard (Hrsg.): *Gesammelte Gedichte*, S. 298. [Das Gedicht erschien früher in Österreich in der Übersetzung von K. Dedecius in der von Otto Breicha redigierten Zeitschrift: *Ver Sacrum. Neue Hefte für Kunst und Literatur* 1970, H. 2, 2. Anm. des Herausgebers].

22 Herbert, S. 298. Nach der Auffassung des Dichters gibt es keine erschreckendere Erkenntnis als den „Tod der Wörter" – auch wenn er davon in ironischem (oder sogar: ironisch-zartem) Ton schreibt. Dies erzählt beispielsweise das berührende

Prosagedicht „Episode in der Bibliothek": „Ein blondes Mädchen sitzt über das Gedicht gebeugt. Mit einem Bleistift, spitz wie eine Lanzette, überträgt sie Wörter auf ein weißes Blatt und verwandelt sie in Striche, Akzente, Zäsuren. Die Klage des gefallenen Dichters sieht jetzt aus wie ein von Ameisen abgenagter Salamander. Als wir ihn unter Beschuss wegtrugen, glaubte ich, sein noch warmer Körper werde im Wort auferstehen. Jetzt, da ich den Tod der Worte sehe, weiß ich, der Zerfall ist grenzenlos. In der schwarzen Erde werden verstreute Laute von uns bleiben. Akzente über dem Nichts und dem Staub." – Herbert, S. 156.

Ich wage hier eine persönliche Anmerkung: Als ich mich für die Arbeit an diesem Text vorbereitete und das Gedicht „Aus einer ungeschriebenen Theorie der Träume" zum ersten Mal „arbeitsmäßig" las, spürte ich in mir einen gewissen Widerstand. Erstens gehört das Gedicht sicher nicht zu den besten von Herbert und zweitens vermittelt es das „Ressentiment", das man in der fragmentarischen Auseinandersetzung mit Améry auch eher als problematisch empfinden muss. In meiner ersten Bewertung des Gedichtes „Aus einer ungeschriebenen Theorie der Träume" brachte ich als Gegenbeispiel das – wie ich dachte – wunderbare (genauer: ironisch-zarte) Gedicht von Wisława Szymborska „Die Wirklichkeit verlangt". Ich zitiere den Anfang: „Die Wirklichkeit verlangt, / daß man auch darüber spricht: Das Leben geht weiter. / Es tut's bei Cannae und bei Borodino / und auf dem Kosovo Pole in Guernica" – Szymborska, Wisława, übers. Dedecius, Karl: *Auf Wiedersehen. Bis morgen. Gedichte.* Suhrkamp: Frankfurt am Main 1998, S. 16. Die in diesem Aufsatz von mir so kurzgefasste, aber in Wirklichkeit meine sehr intensive Auseinandersetzung mit dem Gedicht „Aus einer ungeschriebenen Theorie der Träume" und dem Band *Jenseits von Schuld und Sühne* brachte mich jedoch zu der Überzeugung, dass eine intellektuelle, distanzierte Leichtigkeit wie in dem Gedicht „Die Wirklichkeit verlangt" oder – in geringerem Maße spürbar – in dem Text „Episode in der Bibliothek" mich als Leserin nicht mehr überzeugt. Aus dieser Distanz klingt etwas Falsches, etwas Gespieltes, vielleicht sogar eine Art (Selbst-)Lüge mit. Hat mich die Arbeit an diesem bescheidenen Text so radikalisiert? Gegen das Virus des Radikalismus bin ich ganz immun. Aber die Weisheit als Distanz und Ironie hat für mich an Glaubwürdigkeit (nichts an literarischer und philosophischer Qualität) verloren, während ich für die Anklage, die leider so konflikthaft und moralisierend wirkt, ein wenig Verständnis aufbringen konnte – im Sinne von Herberts Gedicht „Herrn Cogitos Vermächtnis": „[…] es liegt nicht an dir / Nachsicht zu üben im Namen derer die in der Frühe verraten wurden" – Herbert, S. 375. Ich lese „Herrn Cogitos Vermächtnis" dieses berühmteste Gedicht Herberts in einem absolut unpolitischen, ausschließlich ethischen und existenziellen Kontext. Dieses sehr symbolische und für die polnische Kultur sehr bedeutsame Gedicht wird heute in Polen politisch-ideologisch instrumentalisiert – und zu Recht sagt Adam Zagajewski: „Die Poesie von Herbert ist ständig auf der Flucht aus dem Gefängnis, aus dem Gefängnis der Ideologie" – Zagajewski, Adam: *Poezja dla początkujących.* Fundacja Zeszytów Literackich: Warszawa 2017, S. 143. Auch Amérys *Jenseits von Schuld und Sühne* könnte man für die gegenwärtige Politik instrumentalisieren und rein parteipolitisch missbrauchen – deswegen ist die Lektüre und ernsthafte Auseinandersetzung mit diesem Text nicht zu verweigern, nicht den Populisten zu überlassen.

Améry hat diese Dialektik am eigenen Leib verspürt: Es gibt kein geistiges Überleben ohne Wort, aber es gibt kein einzelnes Wort, das im alltäglichen Kampf des Körpers um das Überleben entscheidend helfen könnte. Die totale Gewalt bringt den „Zusammenbruch der *ästhetischen* Todesvorstellung"[23] – wie es mit einem schrecklichen Satz auszudrücken wäre: „Es führte keine Brücke vom Tod in Auschwitz zum *Tod in Venedig*"[24]. Die totale Gewalt bringt also auch die Stummheit mit sich – und daran liegt die persönliche Tragik von Améry, dass er seine, sage ich, *Fähigkeit zum Wort*, nie wiederaufgebaut hat, dass er zum vollwertigen Aussprechen der eigenen Freiheit, zur vollen Entfaltung seines Ich nicht mehr fähig war (und er war nicht fähig zu akzeptieren, dass dies bei den anderen möglich war, ohne dass diese scheiterten):

> Wir kamen entblößt aus dem Lager, ausgeplündert, entleert, desorientiert – und es hatte lange gedauert, bis wir nur wieder die Alltagssprache der Freiheit erlernten. Wir sprechen sie übrigens noch heute mit Unbehagen und ohne rechtes Vertrauen in ihre Gültigkeit.[25]

Die Entblößung ist das Thema des Textes *Die Tortur*, in dem Améry einen furchtbaren Bericht der im belgischen Breendock erlebten Folter gibt, in dem er die Tortur als „vollständige Verfleischlichung des Menschen" definiert, als einen Akt, in dem „wir vom anderen zum Körper gemacht werden"[26]. Es ist auch das Thema des Haupttextes des Bandes – *Ressentiments* –, in dem die ganze Verarmung der Existenz, die Blockade vor dem wahrhaft auf die Zukunft orientierten Leben diagnostiziert wird:

> Es ist meinem Nachdenken nicht unentdeckt geblieben, daß das Ressentiment nicht nur ein widernatürlicher, sondern auch ein logisch widersprüchlicher Zustand ist. Es nagelt jeden von uns fest ans Kreuz seiner zerstörten Vergangenheit. Absurd fordert es, das Irreversible solle umgekehrt, das Ereignis unereignet gemacht werden. Das Ressentiment blockiert den Ausgang in die eigentlich menschliche Dimension, die Zukunft.[27]

---

23 Améry, S. 43.
24 Ibid. S. 43.
25 Ibid. S. 48–49.
26 Ibid. S. 70f. Es entspricht der Figur eines KZ-Gefangenen als „des nackten Lebens", welche Giorgio Agamben so treffend gedeutet hat: „Insofern seine Bewohner jedes politischen Status entkleidet und vollständig auf das nackte Leben reduziert worden sind, ist das Lager auch der absoluteste biopolitische Raum, der je in die Realität umgesetzt worden ist, in dem die Macht nur das reine Leben ohne jegliche Vermittlung vor sich hat.[…] Das Lager ist ein Hybrid von Recht und Faktum, in dem die beiden Glieder ununterscheidbar geworden sind." – Agamben, Giorgio: *Homo sacer. Die souveräne Macht und das nackte Leben*. Thüring, Hubert (Übers.). Suhrkamp: Frankfurt am Main 2002, S. 180.
27 Améry, S. 124.

Wachte also Jean Améry in Wörtern auf? Eine Antwort auf diese Frage gestaltet sich für mich zwiespältig. Zum Ersten: Améry hatte seine Erfahrungen in geschriebenen und vorgetragenen Wörtern verfasst und mehr noch – er hatte diese Erfahrungen aus einer zeitlichen Distanz betrachtet und in einer anderen Gegenwart deren Geltung überprüft. Dies heißt, er war von der Notwendigkeit und Geltung dieser Wörter überzeugt – er hielt gewissermaßen *Wache*. Diese Haltung überzeugte oder beschäftigte andere Menschen, wie auch Zbigniew Herbert selbst. Die Worte Amérys hatten demnach eine Wirkung. Andererseits jedoch: Améry wählte solche Wörter, die von Unrecht, Folter und Gewalt erzählen, und er schaffte es nicht, das im früheren Leben Erlebte wachzurufen (Herbert: „Wald Lichtung Baum blühenden Apfelbaum Rose […] / Augenblicke des Glücks"[28]), es auf eine Art wiederzubeleben, welche ihm ein volles Leben hätten ermöglichen können. Sein eigenes Erwachen war anderer Natur, es war eine Folge seiner ständigen Flucht – und Herbert erkannte diesen Zustand an Überlebenden wie Améry: „Warum verweigert der Schlaf – Schutz aller Menschen / seine Gnade den Opfern der Gewalt"[29].

Dieses Mitgefühl, dieser zarte und aufmerksame Blick, mit welchem Herbert sich Améry nähert, wirkt sehr tief. Herbert kennt und versteht dieses Gefühl, was nicht nur „Das kleine Herz" bezeugt, jedoch konnte er sein Nachkriegsleben ganz anders entfalten, sein Leid einfacher annehmen, was sich in den späten Brevier-Gedichten zeigt, aber meiner Meinung nach am schönsten schon aus dem schlichten Ende des Gedichts „An Peter Vujičić" zu lesen ist:

> ich habe dem Greis gelauscht der Homer rezitierte
> ich kannte vertriebene Menschen wie Dante
> im Theater sah ich sämtliche Stücke von Shakespeare
> es ist mir gelungen
> man kann von mir sagen ein Glückspilz
>
> mach das den anderen klar
> ich hatte ein herrliches Leben
>
> ich habe gelitten[30]

Im Jahre 1964 wohnte Herbert in Frankfurt am Main einem Prozess bei – vor Gericht standen die Mitglieder des Auschwitz-Kommandos. Er erinnerte sich

---

28 Herbert, S. 634.
29 Ibid. S. 634.
30 Herbert, Zbigniew, übers. Staemmler, Klaus: „An Peter Vujičić". In: Ders., Krynicki, Ryszard (Hrsg.): *Gesammelte Gedichte*, S. 536.

daran: „[…] kein bisschen vom Dämonismus. Ich stimme Hannah Arendt über die Banalität des Bösen zu.“[31] Genau diese „Banalität des Bösen“ kommt uns aus den Zeilen des Gedichts „Aus einer ungeschriebenen Theorie der Träume“ entgegen – das banale Böse richtete sich wieder zu einem neuen Alltag auf: „Die Täter schlafen ruhig haben rosarote Träume“[32] – während uns Herbert im Gedicht an Petar Vujičić, den serbischen Übersetzer seiner Werke, das wahre und erreichbare Erwachen *für* und *durch* die Wörter aufzeigt.

Zum Abschluss: Die Frage nach Hans Mayer

„Warum verweigert der Schlaf – Schutz aller Menschen / seine Gnade den Opfern der Gewalt“[33] – dieser Satz vibriert im Gedicht, das in Erinnerung an Améry verfasst wurde, diese Klage ist stärker, lauter als die Glocke des Neubeginns, des Halberwachens und des letztendlich unmöglichen, unerträglichen Lebens in selbst gewählter Amnesie. Und es scheint mir auch stärker zu sein als die Überzeugung für einen selbstbestimmten freien Tod, stärker als seine Theorie des selbstbewussten Subjektes. Ich folge hier die ganze Zeit dem Gedicht von Zbigniew Herbert. Vielleicht aber liegt der Grund, warum dieser Text vom Autor nie veröffentlicht wurde, darin, dass Herbert sich nicht das Recht herausnehmen wollte, über die Gründe des Todes von Améry offen zu sprechen, zu spekulieren, im Nachhinein mitzuentscheiden?

Das Gedicht Herberts lässt uns nämlich mit folgender Frage zurück: Wäre nicht das Vergessen die notwendige Gnade? Ja – trotz jeder scharfen Aussage, trotz des Bekenntnisses zum Ressentiment, suchte Améry diesen „Schlaf“, in dem ein heller Traum die Gespenster, die Folter, den Krieg vertreibt. Sein gesamtes Werk war eine Suche nach möglicher Vergebung. Und er kapitulierte immer wieder, indem er sagte, dass diese nicht möglich sei. Er „kapitulierte“ dabei nicht in der Überzeugung von seiner eigenen Selbstgerechtigkeit – vom Recht auf Anklage –, sondern in tiefstem Leid, gebrochen von den Fakten, die er sich selbst immer, wieder vor Augen führte. Im Text *Die Tortur* finden wir folgende Stelle:

> Es war für einmal vorbei. Es ist noch immer nicht vorbei. Ich baumele noch immer, zweiundzwanzig Jahre danach, an ausgerenkten Armen über dem Boden, keuche und bezichtige mich.[34]

---

31 Citko, Henryk (Hrsg.): *Herbert nieznany. Rozmowy*. Fundacja Zeszytów Literackich: Warszawa 2008, S. 147.
32 Herbert, S. 633.
33 Ibid. S. 634.
34 Améry, S. 75.

Hatte Améry nicht die tiefe Hoffnung in sich getragen, eines Tages würde die
Welt nicht mehr seine Folterkammer sein? Hatte er nicht die Hoffnung, seine
Vergangenheit in den Griff zu bekommen und gleichwohl der Erinnerung treu
zu bleiben? Ich behaupte, er hatte einmal diese Hoffnung. Was ihm den Tod
einbrachte, war sein Verstehen. Er hat die eigene Illegalität als Mensch falscher
Rasse und die neue Identität als Illegaler, als Jude durchblickt, er hat die Torturen, die ihn zum Fleisch reduzierten, in der Erinnerungsarbeit nacherlebt
und analysiert, er hat den Verlust der Heimat und die Entdeckung des Ressentiments mit seinen Fallen thematisiert (u.a. in den von Herbert beschriebenen
„schlaflosen Nächten") und hat verstanden, dass es keine – wie ich es ausdrücken
möchte – „ethische Zeitumdrehung" gibt. Die Wiederbelebung eines Ich, das
ontologisch und existenziell völlig zerbrochen ist, aber in ethischer Dimension
wieder zu leben beginnen kann, weil das Gute auf seiner Seite geblieben ist – es
ist ein ausgeträumter Traum. Es gibt kein Leben ohne Vergangenheit, man kann
nicht nur für die Zukunft leben.

Uns bleibt die Frage nach dem Warum? Wir wiederholen diese Frage, obwohl
wir *Jenseits von Schuld und Sühne* gelesen haben. Warum hat Améry seinem
Leben ein Ende bereitet? Weil er das Recht auf Selbstbestimmung verteidigte?
Weil er nach dem wahren, ihm zustehenden „Willen zur Macht" handelte? Weil
der Freitod, wie Améry sagte, „ein Privileg des Humanen" sei? Weil „Hand an
sich zu legen" nicht Gewalt bedeutete? (Er erlebte die Gewalt als eine fremde
Hand, die ganz nahekommt und vernichtet). Nehmen wir einfach an, er wollte
mit klarem Blick und sicherer Hand über sich entscheiden. Warum aber nimmt
er sich als Hans Mayer das Leben? Trägt sich mit dieser Entscheidung im Gäste-
buch des Hotels unter dem verworfenen, deutschen Namen ein? Weil es doch
der wahre Name ist? War Jean Améry jemand anderer als dieser, der sich töten
wollte? Gab es in Wirklichkeit gar keinen Jean Améry, als jemanden, den man
tatsächlich vernichten könnte (egal von welcher Hand)? Was für ein Gefühl war
es – die Sehnsucht nach Hans Mayer, der aber nicht weiterleben konnte, oder
die Erschöpfung von Hans Mayer, einer Identität, die doch versteckt unentwegt
anwesend war?

Man sagt, solche Fragen seien gänzlich absurd. Ist aber das Absurde nicht ein
Teil des Menschlichen? Ist die Auseinandersetzung mit dem Absurden nicht ein
Teil der menschlichen Existenz? Ist es wirklich unmenschlich (wiederum: taktlos!), sich solche Fragen zu stellen? Es ist eher menschlich, von diesen Fragen
nicht loslassen zu können, zu wissen, dass jeder Tod von Bedeutung ist, dass
jeder Tod uns angeht.

* * *

Aus einer ungeschriebenen Theorie der Träume

In Erinnerung an Jean Améry

I

Die Täter schlafen ruhig haben rosarote Träume
redliche Völkermörder denen das kurze menschliche Gedächtnis
schon vergeben hat – Fremde und Stammesangehörige
ein sanfter Wind wendet die Seiten der Familienalben
Fenster offen für den August Schatten des blühenden Apfelbaums
unter dem sich die ehrbare Sippe versammelt hat
Großvaters Fuhrwerk eine Fahrt in die Kirche
erste Kommunion erste Umarmung der Mutter
Lagerfeuer auf der Lichtung und gestirnter Himmel
ohne Zeichen und Geheimnis ohne Apokalypse
sie schlafen ruhig sie haben nahrhafte Träume
voller Speisen Getränke fetter Frauenkörper
mit ihnen Liebesspiele im Dickicht der Haine
und über alldem fließt die unvergessene Stimme
die Stimme rein wie die Quelle unschuldig wie das Echo
von dem Knaben der eine Rose sah auf der Heide

die Glocke der Erinnerung weckt nicht Gespenster oder Albe
die Glocke der Erinnerung wiederholt die große Vergebung

sie erwachen frühmorgens voller Willen zur Macht
rasieren sorgfältig ihre Kaufmannswangen
legen den Rest des Haars zum Lorbeerkranz
unter dem Wasser des Vergessens das alles abwäscht
seifen sie ihren Körper ein mit Seife der Marke Macbeth

2

Warum verweigert der Schlaf – Schutz aller Menschen
seine Gnade den Opfern der Gewalt
warum bluten sie in der Nacht in ihren reinen Laken
und gehen in ihre Betten wie in eine Folterkammer
wie in die Todeszelle wie in den Schatten des Galgens
haben doch auch sie eine Mutter gehabt
Wald Lichtung Himmel blühenden Apfelbaum Rose gesehen
wer hat all dies aus den Winkeln der Seele vertrieben
auch sie haben Augenblicke des Glücks erlebt warum
weckt ihr Geheul in der Nacht unschuldige Mitbewohner
und sie brechen noch einmal auf zur wahnsinnigen Flucht
schlagen den Kopf gegen die Wand und können nicht mehr schlafen
stumpf auf die Uhr starrend die nichts ändert

die Glocke der Erinnerung wiederholt das große Entsetzen
die Glocke der Erinnerung schlägt unverändert Alarm
wahrlich es ist schwer zu gestehen die Täter haben gesiegt
die Opfer sind bezwungen für alle Ewigkeit des Lebens

also müssen sie sich selbst einigen mit dieser Strafe ohne Schuld
mit der Narbe der Scham dem Abdruck der Finger auf der Wange
mit dem schäbigen Willen zu überleben der Versuchung zu verzeihen

die Erzählung von der Hölle aber weckt zu Recht nur noch Abscheu
es gibt keinen Ort mehr um Klage einzureichen
unbegreifliche Urteile fällt das Tribunal der Träume

[zwischen 1978 und 1980]

Aus dem Polnischen von R. Schmidgall

Aus: Zbigniew Herbert: *Gesammelte Gedichte*, hrsg. von Ryszard Krynicki, Suhrkamp: Berlin 2016, S. 633f. [Ersterscheinung dieser Übersetzung in: *Akzente. Zeitschrift für Literatur*, 63. Jahrgang, H. 3/Sept. 2016, S. 24f].

Przemysław Chojnowski

„Sie sind der spiritus movens von dieser erfreulichen Tatsache."
Wolfgang Kraus' Beitrag zum literarischen Erfolg von Zbigniew Herbert (1963–1966)

Der renommierte Österreichische Staatspreis für Europäische Literatur[1] – verliehen erstmalig an Zbigniew Herbert in Wien am 25. Oktober 1965 – bedeutete den Durchbruch in der literarischen Karriere des Autors. Es war die erste und zweifellos die wichtigste Auszeichnung, die der Lyriker außerhalb seines Landes und abseits des polnischen Emigrantenmilieus erhielt. Der Preis gab ihm die Möglichkeit, seine literarische Arbeit in Wien fortzusetzen, etablierte die Position des Schriftstellers im Ausland und eröffnete ihm den Weg zu den literarischen Salons Münchens, Stuttgarts, Frankfurts, Hamburgs und Berlins[2]. Außerdem konnte Herbert in Westeuropa eine weitere Reise an die Wiege der abendländischen Kultur unternehmen, und zwar nach Italien. Im Spätherbst 1966 berichtete die deutsche Presse über Herbert als einen der Kandidaten für den Nobelpreis für Literatur.[3] Einige Zeit später wurde der Lyriker zum korrespondierenden Mitglied der Bayerischen Akademie der Schönen Künste in München ernannt.

---

1 Die vom Bundesministerium für Unterricht der Republik Österreich im Oktober 1964 gestiftete Auszeichnung wurde (laut Herberts Preisurkunde) unter dem Namen „Österreichischer Staatspreis für Europäische Literatur als Internationaler Nikolaus Lenau-Preis" an ihn verliehen. Als Preisträger folgten Herbert u. a. Wystan Hugh Auden (1966), Friedrich Dürrenmatt (1983) oder Milan Kundera (1987). Die vollständige Preisträgerliste ist unter: https://www.kunstkultur.bka.gv.at/staatspreis-fur-europaische-literatur [29.10.2018] zu finden.

2 Im Mai und Juni 1966 fanden Herberts Lesungen in mehreren Städten der Bundesrepublik statt. Im Dezember d. J. war der Schriftsteller erstmals Gast des Literarischen Colloquiums Berlin.

3 F.A.Z.: „Kandidaten des Literaturnobelpreises". *Frankfurter Allgemeine Zeitung* 19.10.1966, Nr. 243, S. 2.

I

Die Verleihung des Internationalen Lenau-Preises an den polnischen Autor
fiel mit der Intensivierung der Kulturpolitik Wiens in Bezug auf Polen zusammen. In demselben Jahr wurde in Warschau das österreichische Kulturzentrum
errichtet, welches als das „Fenster in den Westen"[4] galt. Das Kulturinstitut wurde
im Zuge der Erweiterung der seit 1964 bestehenden „österreichischen Lesehalle"
aufgebaut. In der Volksrepublik Polen war es die erste westeuropäische Kultur-
einrichtung dieser Art. Sie diente von Anfang an als wesentlicher Anlaufpunkt
und Ort des Dialoges für polnische regimekritische Intellektuelle, deren Kreis
etwa Tadeusz Mazowiecki, Władysław Bartoszewski, aber auch Zbigniew Herbert angehörten.

In dem durch den Eisernen Vorhang geteilten Europa erfüllte Österreich – auf
der Grundlage seiner politischen und militärischen Neutralität – die Funktion
einer Brücke zwischen Ost und West, insbesondere im Hinblick auf die Länder Mitteleuropas. Mit der Verständigung zwischen den West- und Oststaaten
beschäftigte sich programmatisch die von Wolfgang Kraus 1961 gegründete
Österreichische Gesellschaft für Literatur (ÖGfL). Im Rahmen ihrer von den
Statuten vorgesehenen Arbeit knüpfte und entwickelte sie Kontakte zu Auto-
rinnen und Autoren aus den Regionen der ehemaligen Donaumonarchie. Im
Zeichen einer solchen Kulturpolitik, in deren Einflussbereich auch Polen stand,
kam es – außerhalb des Landes und unabhängig von der öffentlichen Meinung
in polnischen Kreisen – zur Anerkennung der literarischen Leistung des aus
Lemberg stammenden vierzigjährigen Herbert.

Der Weg zur Etablierung des polnischen Autors innerhalb des deutschsprachigen Literaturbetriebes ist ohne Wolfgang Kraus kaum zu denken. Seit Ende
der 1950er Jahre besuchte Wolfgang Kraus die Länder des Warschauer Paktes mit
dem Ziel, über ihre gesellschaftspolitische Lage und die Situation der Intellektuellen für die deutschsprachige Presse zu berichten. Im Fokus seines Interesses
stand auch Polen, das in seinen Augen den „westlichsten" aller Ostblockstaaten
darstellte. Seine ersten Reisen nach Warschau fanden jeweils im Mai 1960 und

---

4 Vgl. Eberharter, Markus: „Grundlagen und Entwicklungen der österreichischen Kulturpolitik in Polen nach 1965". In: Kunicki, Wojciech/Zybura, Marek (Hrsg.): *Geschichte
der literaturwissenschaftlichen Germanistik in Polen. Band II: Kulturpolitik und Kul-
turtransfer.* Leipziger Universitätsverlag: Leipzig 2016, S. 39–80, hier 53. Seit 2001
ist die Einrichtung unter dem Namen „österreichisches Kulturforum" bekannt. Vgl.
auch: http://austria.org.pl/forum/geschichte [25.10.2018].

im Jahre 1964 statt.[5] Als Leiter der ÖGfL war er im kulturpolitischen, literarischen und journalistischen Umfeld Österreichs, Westdeutschlands und der
Schweiz bestens vernetzt. Darüber hinaus gehörte er seit 1961 zum Kreis des
von der CIA finanzierten Congress for Cultural Freedom (CCF). Der Romancier
und Sozialpsychologe Manès Sperber, der zu den engsten Vertrauten von Kraus
gehörte, brachte ihn mit dem CCF in Verbindung. Zu Kraus' Netzwerk zählten
dadurch andere wichtige Funktionäre des Kongresses, die von Paris aus wirkten.[6]
Es waren François Bondy, der die Monatszeitschrift „Preuves", zentrales Organ
des CCF, gegründet hatte und diese als Chefredakteur leitete[7], und Konstanty
Aleksander Jeleński, Leiter der osteuropäischen Sektion im Generalsekretariat
des Kongresses und Redaktionsmitglied von „Preuves". Jeleński gehörte auch
zum Redaktionsteam der wichtigsten in Paris erscheinenden polnischen Exil-
zeitschrift „Kultura". Die ÖGfL arbeitete mit diesen beiden mit Herbert befreundeten Literaturkritikern und Förderern polnischer Literatur im Westen eng
zusammen.

Der vorliegende Text rekonstruiert die für Herberts Biographie relevanten
Ereignisse und Fakten aus den Jahren 1963 bis 1966 und verweist – hauptsäch-
lich auf Grundlage der erhaltenen Korrespondenzen und Zeitdokumente – vor
allem auf Kraus' Beitrag zum literarischen Erfolg des polnischen Autors Mitte
der 1960er Jahre.

---

5   Den Aufenthalten in Polen folgten mehrere meist umfangreiche Beiträge, die Kraus
    gewöhnlich in der bundesdeutschen und Schweizer Tagespresse erscheinen ließ. Des
    Öfteren wurden die Artikel gleichzeitig in mehreren Blättern veröffentlicht, wie z. B.
    Stuttgarter Zeitung, Baseler *National-Zeitung* (heute *Basler Zeitung*) oder *Kölnische
    Rundschau*. Kraus' Interesse galt in erster Linie der Situation polnischer Intellek-
    tueller und deren regimekritischer Rolle, dem gesellschaftspolitischen Wirken der
    katholischen Kirche, aber auch der wirtschaftlichen Lage des Landes. Vgl. Kraus,
    Wolfgang: „Partei und Provokateure. Die moderne polnische Literatur im Kraftfeld
    politischer Spannungen". *Stuttgarter Zeitung* 24.07.1964, Nr. 168, S. 2.; Kraus, Wolf-
    gang: „Witz als Waffe. Begegnung mit Polens populärstem Satiriker Stanislaw Jerzy
    Lec". *National-Zeitung* (Basel) 19./20.09.1964, Nr. 434, Sonntagsbeilage, S. 27.
6   Paris galt als Mittelpunkt der Kongressaktivitäten.
7   Vgl. dazu genauer: Hansel, Michael/Maurer, Stefan: „„In Wien sind Dinge möglich, die
    in Berlin schon nicht mehr möglich sind". Wolfgang Kraus und die Netzwerke des Kul-
    turellen Kalten Krieges". In: Hansel, Michael/Rohrwasser, Michael (Hrsg.): *Kalter Krieg
    in Österreich. Literatur – Kunst – Kultur*, Paul Zsolnay Verlag: Wien, 2010, S. 244–264,
    hier S. 247.

II

Es ist nicht ausgeschlossen, dass Wolfgang Kraus mit dem Namen Herbert durch seine Bekanntschaft mit Jeleński recht früh in Berührung kam. Herbert hatte die Möglichkeit, Jeleński bereits während seiner Aufenthalte in Frankreich (1958–1960, 1963–1964) kennenzulernen und sich mit ihm anzufreunden. Darüber hinaus wirkte Herbert an der umfangreichen *Anthologie de la poésie polonaise* (Paris, 1965) mit, die Jeleński gerade zusammenstellte, und wurde von ihm sogar finanziell unterstützt.[8] Kraus erfuhr Näheres über Herbert und sein literarisches Schaffen erst aus der Korrespondenz mit Karl Dedecius, der bereits im Jahre 1958 Herberts Gedichte ins Deutsche übersetzte und sie in seinen Anthologien der modernen polnischen Dichtung systematisch veröffentlichte. Die erste der Gedichtsammlungen stellte jene unter dem Titel *Lektion der Stille. Neue polnische Lyrik* dar, die im Carl Hanser Verlag in München im März 1959 erschien. Ein halbes Jahr später nahm Herbert Briefkontakt mit Dedecius auf, der im Laufe der Zeit immer intensiver und systematischer wurde.[9] Ihrer gegenseitigen Beziehung lag einerseits ein tiefes Vertrauensverhältnis zugrunde und andererseits Herberts Bewunderung für Dedecius' translatorische Kunst, den der Lyriker als Dichter-Übersetzer sehr schätzte.

Herbert, der im Laufe der Zeit unter den polnischen Poeten seiner Generation zum bekanntesten Lyriker europäischen Ranges wurde, war allerdings nicht der erste Autor aus Warschau, der Wolfgang Kraus' Interesse geweckt hatte. Seine ersten Gäste, die am 13. Juni 1962 in der ÖGfL aus ihren Werken lasen und über Polens Beitrag zur zeitgenössischen Literatur diskutierten, waren Stanisław Jerzy Lec, Roman Karst und Witold Wirpsza. Über den von Kraus geleiteten Leseabend wissen wir sehr wenig. Einige Monate später trug auch Roman Brandstaetter, der in Österreich in erster Linie als Dramaturg bekannt geworden ist, seine Texte vor.[10] Nach einem Jahr Pause und auf der Welle der Belebung kulturpolitischer Kontakte zwischen Österreich und der Volksrepublik Polen nahm Kraus im Herbst 1963 die Idee auf, einen jüngeren polnischen Dichter zu einer Lesung in der ÖGfL und zu einer Bildungsreise nach Wien einzuladen. Die früheren Begegnungen mit polnischen Autoren dürften Kraus auch dazu veranlasst

---

8 Mehr über die Freundschaft zwischen den beiden findet man in ihrer Korrespondenz: *Zeszyty Literackie* 2004, Nr. 1 (85), S. 121–135.

9 Die wissenschaftliche Edition des Briefwechsels zwischen ihnen wird vom Verfasser dieses Beitrags unter der Mitarbeit von Marlena Tomala vorbereitet und soll 2020 herausgegeben werden.

10 Die Lesung fand am 8. November 1962 statt.

haben, sich intensiver mit der modernen Dichtung aus Polen auseinanderzu-
setzen. Dafür sprach auch die im Programm der ÖGfL enthaltene Reihe der
Lesungen, die Lyrik jeweiliger Länder Mitteleuropas gewidmet waren. Anfang
Oktober 1963 wandte sich Kraus mit einer Anfrage an Dedecius und bat den
Literaturübersetzer, ihm einen interessanten Vertreter der polnischen Lyrik vorzuschlagen. Dedecius wollte ursprünglich zwei Autoren namhaft machen, was
seiner Korrespondenz mit Herbert zu entnehmen ist. Auf seiner Empfehlungs-
liste standen zuerst die Krakauerin Wisława Szymborska und der damals seit
Dezember 1963 wieder in Paris lebende Zbigniew Herbert.[11] Nach Rücksprache
mit Herbert lenkte Dedecius die Aufmerksamkeit des ÖGfL-Leiters auf den mit
ihm befreundeten Lyriker:

> Ich habe mich – wunschgemäß in Polen orientiert und überall bestätigt bekommen,
> dass von den jüngeren Lyrikern Polens niemand würdiger wäre nach Österreich ein-
> geladen zu werden als Zbigniew Herbert. Da er vielseitig gebildet ist und außerdem
> kunsthistorisch besonders interessiert (siehe sein Buch über Frankreich und Italien
> BARBARZYŃCA W OGRODZIE – „Der Barbar im Garten") – würde er wahrschein-
> lich am meisten von allen von einer solchen Reise profitieren und sie auch literarisch
> nützlich verwerten können.[12]

Seit Ende Juni 1963 arbeitete Dedecius an der ersten deutschsprachigen Gedicht-
sammlung Herberts, welche ein Jahr später beim damals noch jungen, aber
renommierten Suhrkamp Verlag erschien. Dem Poesieband folgte – nicht ohne
Beteiligung von Dedecius – das im Brief genannte Essaybuch, das jedoch in der
Übersetzung Rudolf Richters[13] unter dem Titel *Ein Barbar in einem Garten* Mitte
März 1965 herausgegeben wurde. Die Popularisierung von Herberts poetischem
Schaffen in Wien lag natürlich auch im Interesse seines Übersetzers Dedecius,
der im September 1963 mit dem Suhrkamp Verlag einen Vertrag über die Veröffentlichung von Herberts Gedichten abschloss. In seinem nächsten Brief an
Kraus lieferte Dedecius ein Porträt des Schriftstellers, welches den Erwartungen
und den programmatischen Voraussetzungen des ÖGL-Vorstands völlig entsprach:

---

11 Vgl. Brief von K. Dedecius an Z. Herbert, 19. Oktober 1963. Zbigniew Herbert Archiv,
    Nationalbibliothek Warschau.
12 Brief von K. Dedecius an W. Kraus, 10. Januar 1964. Archiv des ÖGfL.
13 Richter, der auch Werke von Witold Gombrowicz übersetzte, bediente sich des Pseu-
    donyms Walter Tiel.

Zbigniew Herbert ist Jahrgang 1924 und beherrscht die deutsche Sprache (er liest sie auf alle Fälle fließend, gesprochen habe ich mit ihm noch nicht Deutsch, aber – ich vermute sogar, dass er irgendwo deutsche Vorfahren hat). Geboren ist er in Lemberg, also in einem Raum, der sehr stark kulturell seinerzeit – Österreich verpflichtet war.[14]

Die bündige Darstellung des Autors sprach in jeder Hinsicht dafür, ihn nach Wien einzuladen: erstens wegen seiner Herkunft aus dem ehemaligen Galizien, zweitens aufgrund seiner Kenntnisse des Deutschen und drittens im Hinblick auf sein Alter. Dieses durfte Kraus nicht gleichgültig gewesen sein, denn er selbst war Herberts Altersgenosse.

Auf die Einladung von Kraus zur Lesung in der ÖGfL, welche Dedecius auf einer Postkarte nach London an Herbert weitergeleitet hatte, reagierte dieser sofort. Da Herbert die nächsten zwölf Monate im Westen bleiben wollte, machte er den Vorschlag, erst im Spätherbst 1964 Österreich zu besuchen. Wien sollte seine letzte Auslandsstation auf dem Weg nach Warschau darstellen.

> Ich beabsichtige noch ein weiteres Jahr im Westen zu bleiben. Ich weiß nicht, ob es mir gelingen wird. Vorerst bereite ich eine Reise nach Frankreich vor. Es erwartet mich eine Menge Arbeit beim Ordnen von gesammelten Materialien, Büchern, Bemühungen um ein Visum und anderes Vergnügen. Nach Wien, das Sie in Ihrer Postkarte erwähnen, käme ich gern, aber erst im Spätherbst nächsten Jahres. Ich werde bis Ende des Monats in London sitzen.[15]

Die Einladung durch Kraus gab Herbert zum ersten Mal die Gelegenheit, vor einem deutschsprachigen Publikum aufzutreten und zugleich einige Wochen in der Stadt verweilen zu können, welche mit der Geschichte seiner Familie verbunden war. Dazu sollte es Herberts erster längerer Aufenthalt in einem deutschsprachigen Land sein, denn seine erste geplante Reise in die Bundesrepublik im Jahre 1959 kam nicht zustande.[16]

III

Die Reise von Paris nach Wien am 28. Oktober 1964 führte Herbert zunächst nach Frankfurt am Main, wo er erstmals Dedecius begegnen und einige Tage bei ihm zu Gast sein durfte. Der eigentliche offizielle Anlass seines Transitbesuches

---

14 Postkarte von K. Dedecius an W. Kraus, 5. Februar 1964 (Datum abgelesen aufgrund des Poststempels). Archiv des ÖGfL.

15 Brief von Z. Herbert an K. Dedecius, 31. Oktober 1963. Karl Dedecius Archiv, Collegium Polonicum Słubice, Übersetzung – P. Ch.

16 Die Einladung nach Deutschland kam von Heinrich Kunstmann, einem Slawisten und Übersetzer von Herberts Dramen und Hörspielen. Der Antrag des Schriftstellers auf das westdeutsche Visum wurde damals abgelehnt.

in Deutschland war das Erscheinen seines ersten Lyrikbandes in deutscher Sprache und das Treffen mit dem Chef des Suhrkamp Verlags Siegfried Unseld, der ein Jahr zuvor begonnen hatte, polnische Autoren zu verlegen. Die für Herbert beeindruckende Zusammenkunft mit Unseld wurde durch den Schriftsteller zwanzig Jahre später in einem Beitrag in einer Festschrift für den Frankfurter Verleger in einem humorvollen und ironisierenden Ton dargestellt:

> Damals kehrte ich aus Frankreich nach Polen zurück (im Rahmen meines privaten und nicht immer glücklichen Ost-West-Dialogs) und machte einen Abstecher nach Frankfurt, um meinem Verleger von Angesicht zu Angesicht gegenüberzutreten. Ich wusste damals nichts von ihm. […] Wie ich glaubte, müssen Menschen, die zum Lesen fremder Manuskripte und zur zwangsläufigen Beschäftigung mit den geistigen Abenteuern und Beschwernissen fremder Personen verurteilt sind, am Ende eine Atrophie ihres persönlichen Lebens erleiden. Statt dessen war Siegfried Unseld völlig normal, mit Gefühl für Humor ausgestattet und umgänglich, denn er verstand – oder täuschte großartig vor, daß er verstand –, was ich zu ihm in meinem entsetzlichen Deutsch sagte. Groß, muskulös, offensichtlich mit seiner physischen Hülle zufrieden, machte er den Eindruck eines Wettkämpfers, der gerade den Leistungssport aufgegeben hat und sich mit der Theorie des alpinen Skilaufs beschäftigt oder eine wichtige Mannschaft der Bundesliga trainiert.[17]

Der im September 1964 erschienene und über hundertseitige Band *Gedichte* (Edition Suhrkamp) war mit einem Nachwort von Dedecius versehen und stellte die erste fremdsprachige Buchpublikation des polnischen Dichters dar. Sein schwedischer Lyrikband *I stridsvagnens spår. Dikter 1956–1965* (Bonniers, Stockholm) erschien, genauso wie das tschechische *Studium předmětu* (SNKLU, Praha) sowie achtzehn englische Übersetzungen seiner Werke, die in der Anthologie *Postwar Polish Poetry* (Doubleday, New York) von Czesław Miłosz veröffentlicht wurden, erst ein Jahr später. Das in Frankfurt am Main herausgebrachte Buch *Gedichte* bestätigt die These, dass Deutsch im globalen Maßstab auch in Herberts Fall zur ersten Fremdsprache der polnischen Literatur geworden ist.[18]

In Begleitung seines Übersetzers und mit dem neuen Buch in der Tasche kam Herbert am 3. November 1964 in Österreich an. Drei Tage später begegnete er, höchstwahrscheinlich in der ÖGfL in der Herrengasse 5, zum ersten Mal ihrem Leiter und dem zukünftigen österreichischen Förderer seines Werkes

---

17 Herbert, Zbigniew, übers. Staemmler, Klaus: „Erste Begegnung". In: *Der Verleger und seine Autoren – Siegfried Unseld zum sechzigsten Geburtstag*. Suhrkamp Verlag: Frankfurt am Main 1984, S. 60–64, hier S. 60. Der polnische Originaltext „Pierwsze spotkanie" erschien fast zwanzig Jahre später in: *Zeszyty Literackie* 2003, Nr. 1 (81), S. 116–118.

18 Die These formulierte Ende der 1990er Jahre Leszek Szaruga (Aleksander Wirpsza).

Wolfgang Kraus.[19] Die Lesung fand am 6. November 1964 im Palais Palffy am Josephsplatz statt. Diese Veranstaltung begann um 20.00 Uhr mit Dedecius' Vortrag *Namen der Unruhe. Polnische Lyrik seit 1956*.[20] Darin wurden Stimmen mehrerer Dichter präsentiert, die sich vollständig von den Mustern des bis dato herrschenden sozialistischen Realismus distanziert hatten. Das Streben der polnischen Schriftsteller nach der Befreiung vom ideologischen Druck bezeichnete Dedecius als „Revolte des Geistes".[21] Der thematische Schwerpunkt lag dabei auf der Lyrik der Vertreter der Kriegsgeneration, zu der sowohl der Übersetzer als auch die von ihm übersetzten Autoren gehörten. Außer Herbert, für den der Abend ursprünglich gedacht war, wurden in der Reihenfolge einzelne Gedichte u. a. von Tadeusz Różewicz, Miron Białoszewski und Wisława Szymborska vorgestellt. Aus den Gedichten las der Burgtheater-Schauspieler Wolfgang Gasser. Die Wiener Slawistin Gerda Hagenau, die der Lesung als Zuschauerin beigewohnt hatte, lieferte danach folgenden enthusiastischen Bericht über diesen Leseabend:

> Ausgehend von den einzelnen Dichterkreisen und literarischen Strömungen seit der Jahrhundertwende, schilderte Dedecius die Entwicklung des polnischen Gedichtes bis zu seinen jüngsten Repräsentanten im heutigen Polen. Anhand von Beispielen, die Wolfgang Gasser vom Burgtheater mit großer Einfühlungsgabe zum Vortrag brachte, erläuterte Dedecius das Wesen und die stilistischen Merkmale [...] verschiedener dichterischer Schöpfungen [...]. Mit mehreren Gedichten hingegen kam der anwesende Dichter Zbigniew Herbert zur Sprache, die er selbst vortrug, und zwar mit „Nike, wenn sie zögert", „Väter des Sterns", „Der siebente Engel" und „Rückkehr des Prokonsuls", von denen besonders die beiden letzten großen Beifall ernteten. Ein besonders gut gelungener Abend![22]

Herbert blieb bis zum 25. November in Österreich. Während seines Aufenthaltes in Wien (vermutlich in der zweiten Novemberhälfte 1964)[23] gelang es ihm,

---

19 In Kraus' Taschenkalender (aus dem Wolfgang Kraus Archiv, Nationalbibliothek Wien) unter dem Datum 06.11.1964 stehen folgende Uhrzeiten und Namen geschrieben: 11 Uhr Jeleński, 18–21 Uhr Dedecius/Herbert. Deswegen kann behauptet werden, dass Jeleński an der Lesung teilnehmen durfte.
20 Das Typoskript des Vortrags ist im Archiv der ÖGfL zu finden.
21 Siehe dazu den Pressebericht: E. A.: „Die große Revolte des Geistes in Polen. ‚Namen der Unruhe' ein Abend im Palffy mit Karl Dedecius und Zbigniew Herbert". *Kurier* 09.11.1964.
22 Hagenau, Gerda: „Karl Dedecius über polnische Dichtung". *Polen in Wort und Bild* Dez. 1964, Nr. 4 (53), S. 10.
23 Die Zeit des Herbert-Besuchs wurde bei Zybura falsch angegeben. Ende November bzw. Anfang Dezember 1964 war der Autor bereits in Polen. Vgl. Zybura, Marek (Hrsg.): *„Bardzo potrzebna mi jest przyjaźń Pana" – Zbigniew Herbert, Heinrich Kunstmann: Listy 1958–1970*. Universitas: Kraków 2018, S. X und 119.

seinen ersten deutschsprachigen Übersetzer, Heinrich Kunstmann, im bayrischen Raiten zu besuchen. Kunstmann, der im deutsch-österreichischen Grenzgebiet lebte, schmuggelte Herbert im Auto über die Grenze und brachte ihn dann nach Salzburg zurück. Es war der zweite, diesmal illegale Besuch Herberts in Deutschland.

IV

Drei Wochen vor Herberts Auftritt in Wien (Mitte Oktober 1964) wurde der Internationale Nikolaus-Lenau-Preis gestiftet, der von Wolfgang Kraus auch als „Großer Österreichischer Staatspreis für Europäische Literatur" bezeichnet wurde. Die Bekanntmachung der neuen literarischen Auszeichnung fand im Anschluss an die Gründung der Internationalen Lenau-Gesellschaft statt.[24] Der damals mit 50.000 Schilling dotierte Preis sollte erstmals an einen Lyriker und erst in weiterer Folge an einen Erzähler und einen Dramatiker vergeben werden. Dieser Entscheidung lag die allgemeine Ansicht zugrunde, dass die Dichtung im Schaffen Nikolaus Lenaus im Vordergrund gestanden habe.

Zur ersten fünfköpfigen Jury des neuen Preises, welcher alle bisherigen künstlerischen Auszeichnungen Österreichs in Bezug auf ausländische Literatur übertreffen sollte, gehörten neben Wolfgang Kraus der Präsident des österreichischen P.E.N.-Clubs Franz Theodor Csokor, der Schriftsteller Werner Riemerschmid, die Autorin und Journalistin Hilde Spiel und der Lyriker, Prosaist und Redakteur Gerhard Fritsch an.[25] Außer Kraus hatten mindestens zwei der Juroren enge Beziehungen zu Polen, und zwar Csokor und Fritsch. Csokor, der Kraus' Projekte unterstützte und nicht selten Gast der ÖGfL war, war 1938 nach dem Anschluss nach Polen emigriert und hatte den ersten im Westen publizierten Bericht *Als Zivilist im polnischen Krieg* (Allert de Lange, Amsterdam 1940) über die Okkupation des Landes verfasst; darüber hinaus war er ab Ende April 1964 Vizepräsident der Österreichisch-Polnischen Gesellschaft.[26] Fritsch hingegen arbeitete

---

24 Neben der ÖGfL gehörte sie zu den ersten und den wichtigsten institutionalisierten Foren, die sich zum Ziel setzten, künstlerische und wissenschaftliche Kontakte zwischen Österreich und seinen mitteleuropäischen Nachbarländern zu beleben.

25 Die Zusammensetzung der Jury wird angegeben nach: Mádl, Antal/Schwab, Anton (Hrsg.): *Vergleichende Literaturforschung. Internationale Lenau-Gesellschaft 1964–1984.* Österreichischer Bundesverlag: Wien 1984, S. 95.

26 Dem Schriftsteller Franz T. Csokor und dem mit ihm befreundeten Autor Roman Brandstaetter widmete das Polnische Institut Wien eine Veranstaltung, die vom Verfasser dieses Beitrags am 21.11.2016 moderiert werden durfte.

mit dem Literaturwissenschaftler und Redakteur der Warschauer Monatszeitschrift *Twórczość*, Roman Karst, zusammen. Gemeinsam bereiteten sie eine Sondernummer der Zeitschrift *Wort in der Zeit* vor, die der polnischen Literatur gewidmet sein sollte.[27] Diese bedeutsame österreichische Literaturzeitschrift war eng mit der ÖGfL und deren Leiter Wolfgang Kraus verbunden, der versuchte, Einfluss auf die redaktionelle Arbeit zu nehmen und selbst dort publizierte. Ende 1964 erschien hier Herberts Gedicht „Die Heimkehr des Prokonsuls", welches als österreichisches Debüt des Lyrikers betrachtet werden kann.[28]

Zur Sitzung der Jurymitglieder kam es erst in der ersten Hälfte Juni 1965, gerade nachdem Wolfgang Kraus von seiner zweiten Polen-Reise Ende Mai/ Anfang Juni aus Warschau nach Wien zurückkehrt war. Es war niemand anderer als Kraus, der sich dafür einsetzte, Herbert, von dem zu diesem Zeitpunkt bereits zwei Bücher in deutscher Sprache erschienen waren, als Träger des Internationalen Lenau-Preises vorzuschlagen. Die Idee, diese Auszeichnung dem polnischen Lyriker zu verleihen, stieß bei allen Mitgliedern der Jury auf positive Resonanz, sodass ein einstimmiger Beschluss erzielt wurde. Dies fand später seinen Ausdruck in der Formulierung auf Herberts Preisurkunde, welche mit den Worten „Auf einhelligen Antrag der Jury ..." beginnt.

Einige Zeit später informierte Kraus Hans Magnus Enzensberger, der ein Jahr davor Gast der ÖGfL gewesen war, von der Entscheidung der Juroren.[29] Enzensberger setzte sich als Lektor des Suhrkamp Verlages (1960 und 1961) und dann als freier Mitarbeiter von Unseld u. a. für die Aufnahme der polnischen Literatur (auch wegen ihrer politischen Bedeutung) ins Programm des Verlagshauses ein.[30] In einem separaten Brief teilte Kraus am 28. Juni 1965 Siegfried Unseld voller Enthusiasmus mit: „Über die Preisverleihung an Zbigniew Herbert schrieb ich bereits Ihrem Mitarbeiter Herrn Enzensberger. Er wird Sie sicherlich über die Details unterrichten. Jedenfalls freue ich mich aufrichtig über unseren Erfolg!"[31] Das Possessivpronomen „unser" ist hier vielsagend, weil es verdeutlicht, dass Kraus in seinem Ringen um Herberts hohe Position im deutschsprachigen

---

27 Eberharter, S. 49.

28 Herbert, Zbigniew, übers. Dedecius, Karl: „Die Heimkehr des Prokonsuls". *Wort in der Zeit* 1964, Heft 11, S. 35f.

29 Die Lesung von Enzensberger hat am 5. Mai 1964 im Palais Palffy stattgefunden.

30 Mehr dazu: Zajas, Paweł: „Wir lieben ja die Polen ...' Zum Forschungspotenzial des Siegfried Unseld Archivs im Hinblick auf den polnisch-deutschen Literaturtransfer". *Zeitschrift für Slawistik* 2018, Nr. 1 (63), S. 1–29, hier S. 11f.

31 Brief von W. Kraus an S. Unseld, 28. Juni 1965, Deutsches Literaturarchiv Marbach, Siegfried Unseld Archiv (SUA).

Literaturbetrieb nicht alleine stand. Dabei offenbart sich zugleich die enge Beziehung der wichtigsten Förderer von Herberts Schaffen (Kraus in Österreich und Unseld in Deutschland), die auch in den nächsten Jahren den polnischen Autor in vielerlei Hinsicht unterstützen sollten.[32]

V

In einem Brief an Herbert, den Kraus Ende Juni 1965 verfasste, schilderte er in groben Zügen das Verfahren der Juroren und beglückwünschte zugleich den Lyriker anlässlich des Lenau-Preises. Mit seinen Gratulationen sandte er ihm auf privatem Weg auch die Einladung zur bevorstehenden Preisverleihung in Wien und zur nächsten Lesung in seiner Literaturgesellschaft zu, obgleich das genaue Datum der beiden Veranstaltungen noch nichtfeststand:

> Mit der Preisverleihung verbindet sich auch eine Einladung zu einem Besuch in Wien, damit Sie den Preis aus den Händen des Unterrichtsministers entgegennehmen können. Soviel ich weiß, soll die Verleihung Ende September stattfinden. Es wird mir ein Vergnügen sein, Sie, lieber Herr Herbert, bei dieser Gelegenheit zu einer Lesung zu uns einzuladen. Es wäre besonders schön, wenn Sie dann jenes Werk lesen könnten, das Sie seinerzeit während Ihres Wiener Aufenthaltes geschrieben haben.[33]

Kraus dürfte dabei eines der vier Werke von Herbert gemeint haben, die 1967 als „Wiener Gedichte" auf den ersten Seiten der zweiten Ausgabe der Wiener Jahresschrift *Protokolle* mit einem Foto von Herbert erschienen; diese Zeitschrift wurde von Otto Breicha, welcher von 1962 bis 1972 in der ÖGfL zuerst Mitarbeiter und dann stellvertretender Leiter war,[34] herausgegeben.[35] Die Antwort

---

32 Alle drei trafen sich am 3. November 1965 in Wien. Unseld referierte als Gast der ÖGfL an dem Tag in der Herrengasse über die Programme der Verlage Suhrkamp und Insel. Am Abendessen mit Unseld nahmen außer Kraus und Herbert u. a. Peter Handke und Thomas Bernhard teil. Vgl. Fellinger, Raimund/Pektor, Katharina (Hrsg.): *Der Briefwechsel. Peter Handke; Siegfried Unseld.* Suhrkamp: Berlin 2012, S. 17f.

33 Brief vom 30. Juni 1965, Nationalbibliothek Warschau, Zbigniew Herbert Archiv.

34 Siehe auch: https://www.univie.ac.at/ogl-projekt-db/personenverzeichnis/#otto-breicha [4.12.2018].

35 Herbert, Zbigniew: Wiener Gedichte: „Prolog", „Warum Klassiker", „Sie legte ihr Haar (Inc.)", „Die Großprinzessin". *Protokolle ´67. Wiener Jahresschrift für Literatur, bildende Kunst und Musik* 1967, Bd. II, S. 3–7. Die Herausgeber des Jahrbuchs waren Otto Breicha und Gerhard Fritsch, welche eng mit Wolfgang Kraus an Literaturprojekten zusammenarbeiteten. Breicha schoss übrigens das Foto von Herbert selbst.

des Lyrikers zeigt,[36] dass er sich offensichtlich der Rolle von Kraus völlig bewusst war, was der Formulierung „Sie sind der spiritus movens von dieser erfreulichen Tatsache" zu entnehmen ist. Zugleich teilte Herbert mit, dieser bedeutende Preis sei ihm eine große Ermunterung für seine weitere schriftstellerische Arbeit gewesen. Besonders nobel fand der Weltenbummler Herbert die Möglichkeit, längere Zeit in Wien bleiben zu können, in der Stadt, die er liebte.

In einem späteren Brief an Herbert vom 28. September 1965 berichtete Wolfgang Kraus: „Wie Sie ja sicher schon von unserem Kulturinstitut in Warschau gehört haben, soll die Verleihung des ‚Großen österreichischen Staatspreises für europäische Literatur' am 29. Oktober in Wien stattfinden. Wir haben für den 29. Oktober einen Saal für eine Vorlesung aus Ihren Werken reserviert, bei der wir Sie bitten, selbst einige kurze Worte zu sprechen". In Wirklichkeit fand die feierliche Preisüberreichung vier Tage zuvor statt, und zwar am Vorabend des österreichischen Nationalfeiertags. Am 29. Oktober wurde wie geplant die Lesung Herberts veranstaltet. Davor sollte noch ein Round-Table-Gespräch stattfinden, das in enger Kooperation mit Jeleński und Bondy vorbereitet wurde.[37] Auf Wunsch von Wolfgang Kraus wurde auch Herbert als zusätzlicher Teilnehmer und quasi Nachzügler aus Polen – neben dem Literaturwissenschaftler und Kafka-Übersetzer, Roman Karst, und dem Romancier, Drehbuchautor und Filmregisseur, Tadeusz Konwicki – knapp einen Monat vor der Preisverleihung eingeladen:[38]

> Von 25.-27. Oktober veranstaltet unsere „Gesellschaft" – wie Sie vielleicht schon gehört haben – eine Round-Table-Konferenz mit Autoren und Kritikern aus Ost und West über das Thema „Unser Jahrhundert und sein Roman". Da es sich so günstig trifft, dass Sie zu dieser Zeit in Wien sind, würde ich mich sehr freuen, wenn Sie an dieser Podiumsdiskussion teilnehmen könnten. Die Veranstaltung findet an den drei Vormittagen von 10 bis 13 Uhr statt, am Abend des dritten Tages wird in einer öffentlichen Veranstaltung dem Publikum ein Resumé der Diskussionen und Referate gegeben werden. Wenn es Ihnen möglich wäre, ein kurzes Referat (höchstens 10 Minuten) uns vorher zu schicken,

---

36 Brief von Z. Herbert an W. Kraus ohne Datum, Archiv der ÖGfL (vermutlich erste Hälfte bzw. Mitte Juli 1965).

37 Vgl. Ebel, Ursula/Englerth, Holger: „Inszenierung: Ost Roman West. Das II. Round-Table-Gespräch der Österreichischen Gesellschaft für Literatur: ‚Unser Jahrhundert und sein Roman' (25.–27. Oktober 1965)". In: Stocker, Günther/Rohrwasser, Michael (Hrsg.) unter Mitarbeit von Maure, Stefan und Neumann-Rieser, Doris: *Spannungsfelder. Zur deutschsprachigen Literatur im Kalten Krieg (1945–1968)*, Arco: Wuppertal 2014, S. 67–98.

38 Falsche Angabe der geladenen Gäste in: Zybura, S. 129.

damit wir es in die anderen Konferenzsprachen – Englisch und Französisch – übersetzen lassen können, wäre ich Ihnen sehr dankbar.[39]

Die österreichische Öffentlichkeit erfuhr über die Preisverleihung in der zweiten Junihälfte 1965. Davon zeugt die ausführliche Berichterstattung in der zweiten Ausgabe der von der Österreichisch-Polnischen Gesellschaft herausgegebenen Zeitschrift *Polen in Wort und Bild*.[40] Die feierliche Verleihung des Preises für Europäische Literatur an Herbert fand ungewöhnlicherweise im Palais Wilczek – in den Festräumen des Unterrichtsministeriums und damit in einem kulturpolitischen Rahmen am Vorabend des österreichischen Nationalfeiertages – statt. Laut dem Bundesminister für Unterricht, Theodor Piffl-Percevic, der noch ein paar Monate davor, im März 1965 mehrere polnische Städte besucht hatte,[41] sei es kein zufälliges Nebeneinander zweier Anlässe gewesen, die miteinander in keiner Beziehung stünden. Die Preisverleihung an Herbert sollte der Belebung des gemeinsamen Kulturbewusstseins im durch den Eisernen Vorhang gespaltenen Europa dienen. Gerade in diesem Punkt sah Minister Piffl-Percevic die Aufgabe des neutralen Österreich als Begegnungsort für Künstler und Wissenschaftler aus Ost und West:

> Österreich glaubt, daß ihm als neutralem Land Gelegenheit gegeben, ja die Aufgabe gestellt ist, in einem durch die Verschiedenheit staatlicher Systeme und durch die Gegensätze politischer Doktrinen gespaltenen Europa auf die Gemeinsamkeit hinzuweisen, die in allen Teilen unseres Kontinents ein europäisches Kulturbewußtsein ausgebildet haben [sic!]. Wir in Österreich sind der Überzeugung, daß es der Stärkung und Vertiefung dieses allen gemeinsamen europäischen Kulturbewußtseins bedarf und daß dies durch die Begegnungen und die menschlichen und fachlichen Kontakte von Künstlern und Wissenschaftlern aus Ländern mit divergierenden staatspolitischen und gesellschaftlichen Auffassungen und geschichtlichen Einstellungen gefördert werden kann. Österreich war in den letzten Jahren erfreulicherweise oftmals der Schauplatz solcher Begegnungen.[42]

Dieser Auffassung lag die kulturhistorische Erfahrung des übernationalen Österreich zugrunde, die über Jahrhunderte des Zusammenlebens vieler Völker geprägt

---

39 Kopie des Briefs vom 28. September 1965 von W. Kraus an Z. Herbert, Archiv der ÖGfL. Herbert nahm an der Konferenz teil, wovon etwa einige Fotos mit ihm, Elias Canetti und Roman Karst zeugen.

40 „Lenau-Preis für Zbigniew Herbert", *Polen in Wort und Bild* Juni 1965, Nr. 3, S. 5f.

41 Piffl-Percevic, Theodor: „Österreichs kulturelle Verbindungen zu Polen". *Polen in Wort und Bild* Juni 1965, Nr. 2, S. 3.

42 Piffl-Percevic, Theodor: „Bekenntnis zu Europas Gemeinsamkeit". *Polen in Wort und Bild* Dez. 1965, Nr. 4, S. 11.

wurde. In der Rede griff man auch die Intensivierung der literarischen Beziehungen zwischen Polen und Österreich sowie die Errichtung des österreichischen Kulturzentrums in Warschau auf; damit sei die Voraussetzung für die Weiterentwicklung der Kulturkontakte gelegt worden. Herbert war sich dessen bewusst, dass der Staatspreis für Europäische Literatur im kulturpolitischen Sinne etwas mehr bedeutete als nur die Würdigung seines poetischen Schaffens – er sei ein Ausdruck eines breiteren Interesses an der polnischen Literatur gewesen:

> Ich weiß wohl, daß diese Ehrung nicht nur meinem persönlichen Verdienst gilt, sondern auch ein Zeugnis ist für das Interesse, das man in Österreich der polnischen Literatur entgegenbringt. Ich bin froh darüber, daß das dichterische Wort die Grenzen überspringt und nicht nur Gespräche mit seinem eigenen Volk führt, sondern auch mit anderen Bewohnern der Erde, des Vaterlandes aller Menschen. Es sei mir hier gestattet, mit Dankbarkeit unserer Übersetzer zu denken, jener unschätzbaren Gesandten literarischer Annäherung, ohne die wir im Kreise unserer Muttersprachen eingeschlossen blieben.[43]

Zu ergänzen ist, dass die Laudatio auf den Preisträger von Franz Theodor Csokor gehalten wurde. In Herberts Lyrik schätzte er den Verzicht auf das Sentimentale und die Anwendung der „anatomisch präzisen Darstellung". Er vertrat die Meinung: „die geistigen Konzentrate" von Herberts Texten höben das Gedicht in einen höheren Sinn zur zeitlosen Gültigkeit.[44]

Den bevorstehenden Akt der feierlichen Preisverleihung an Herbert kündigten mehrere Tageszeitungen an: Am 21. Oktober schrieb darüber in Wien das *Neue Österreich*,[45] einen Tag später die Morgenausgabe des *Kuriers*[46] und dann auch die *Oberösterreichischen Nachrichten* in Linz[47]. Über den polnischen Preisträger berichteten auch die *Volksstimme* in Wien, die *Wahrheit* in Graz und der *Volkswille* in Klagenfurt.[48] Außerhalb von Österreich wurde ebenfalls

---

43 Herbert, Zbigniew: „Nikolaus-Lenau-Preis 1965". *Wort in der Zeit* 1965, Nr. 12, S. 56f. (Siehe den Anhang).

44 Csokor, Franz T.: „Polnische Dichtung". *Die Andere Zeitung* 06.01.1966.

45 „Staatspreis für polnischen Lyriker". *Neues Österreich* 21.10.1965.

46 „Lenau-Preisträger", *Kurier* 22.10.1965.

47 „Nikolaus Lenau-Preis 1965 an Zbigniew Herbert". *Oberösterreichische Nachrichten* 23.10.1965.

48 Derselbe Text: „Österreichischer Literaturpreis an polnischen Lyriker" erschien in drei Zeitungen: *Volksstimme* 26.10.1965, *Wahrheit* 28.10.1965 und *Volkswille* 28.10.1965. Alle genannten Pressetexte stammen aus dem ÖGfL-Archiv. Mein besonderer Dank gilt Frau Mag.a Ursula Ebel und Herrn Mag. Dr. Manfred Müller für fruchtbare Gespräche und die freundliche Genehmigung, die Archivbestände der ÖGfL zu benutzen. An dieser Stelle bedanke ich mich aufrichtig auch bei Herrn Prof. Dr. Thomas Angerer und Frau Mag.a Gertrude Kothanek, die mir beim Sammeln der Materialien zur Seite standen.

über den Lyriker aus Warschau berichtet, denn – wie man einem Brief von Wolfgang Kraus an Ministerialrat Hans Brunmayr entnehmen kann – „die Preisverleihung [an] Zbigniew Herbert ist trefflich durch alle ausländischen Zeitungen gewandert, wie ich festgestellt habe und zwar in der erstrebten Formulierung, ich bin überzeugt, daß Sie da etwas sehr wichtiges erreicht haben."[49] Dabei durfte Kraus die deutschsprachige Presse der Bundesrepublik und der Schweiz gemeint haben.[50] Auf ein breites Presseecho stieß dazu später die von der ÖGfL veranstaltete Dichterlesung des Autors, die im Rosenkavaliersaal des Palais Auersperg stattgefunden hatte. In Herberts poetischem Wort wurde die authentische Stimme eines Dichters wahrgenommen, der zwischen Avantgarde und Tradition stehe.[51] Als Vermittler der historischen Erfahrung seiner Generation hat man Herbert zum „Zeugen, Kläger und Ankläger" seiner Zeit erklärt,[52] was in Bezug auf die Rede des Dichters während seiner Wiener Lesung unterstrichen wurde.[53] Die Autoren der eindrucksvollen Berichte über den Leseabend sahen in dem polnischen Lyriker einen würdigen Träger des Lenau-Preises.

> Er will es vermeiden, eingestuft, zugeordnet, etikettiert zu werden, wie man es bei uns so gerne mit Schriftstellern aus dem Osten tut. Er betonte seine Verpflichtung gegenüber der Avantgarde vor dem Krieg – ohne sich mit ihr zu identifizieren; er stellte die Aufgabe dar, die einem Lyriker durch die Schrecken des Krieges erwachsen ist: dennoch kam seine Bindung an die klassische Form der Lyrik in jedem Satz, den er sprach, [...] klar zum Ausdruck. [...] Bei vielen Gedichten [...] hatte man den Eindruck, ein Gemälde des fantastischen Realismus zu erleben, mit Worten statt mit Farben gemalt. Die starke dichterische Individualität Zbigniew Herberts kommt in jeder Zeile zum Ausdruck: endlich einmal ein Staatspreisträger, wie wir ihn uns wünschen.[54]

Herberts Aufenthalt in Wien dauerte bis zum 20. April 1966. In dieser Zeit erschienen in Österreich weitere Gedichte von ihm. Auf den ersten Seiten der

---

49 Kopie des Briefes von W. Kraus an Hans Brunmayr vom 11. September 1965. Archiv der ÖGfL.

50 Ein Beispiel dafür ist der Text: „Polnischer Dichter ausgezeichnet." *Aachener Nachrichten* 06.08.1965.

51 Zitta, Rainer: „Europäischer Kristallisateur". *Neues Österreich* 31.10.1965.

52 H. n.: „Zeuge, Kläger, Ankläger". *Die Presse* 02.11.1965.

53 Die Rede „Ein Wiener Journalist..." wurde als Faksimile im Anhang des vorliegenden Buches abgedruckt.

54 Marschalek, Manfred: „Zbigniew Herbert – ein würdiger Staatspreisträger". *Arbeiter-Zeitung* 03.11.1965. Siehe auch: Klaus, Rudolf U.: „Dichtung soll fragen, suchen". *Kurier* 03.11.1965.

ersten Nummer der Zeitschrift *Literatur und Kritik*, die als Nachfolgezeitschrift des seit 1955 bestehenden *Wortes in der Zeit* begründet wurde, wurden die Texte „Erwachen", „Bastzaun unkrautbewachsen", „Insel" und „Die Langobarden" veröffentlicht.[55]

Herberts Stellenwert und Popularität spiegeln auch die bereits erwähnten *Protokolle '67* wider, die seine „Wiener Gedichte" eröffnen.[56] Außerdem äußerten sich herausragende österreichische Literaturkritiker und Schriftsteller, darunter Franz Theodor Csokor, Herbert Zand oder Peter Handke über Herberts poetisches Schaffen. In seiner Radiorezension brachte Handke folgende Meinung zum ersten deutschsprachigen Gedichtband Herberts zum Ausdruck:

> Gedichte zu schreiben heißt heute fast Eulen nach Athen tragen. [...] Zwei Möglichkeiten gibt es nun: die Formeln zu prüfen und gleichsam umgewendet und erneuert ironisch zu gebrauchen oder sich sprachlos vor die veränderte Wirklichkeit zu begeben und für sie nach neuen sprachlichen Formen zu suchen.

> Daß den meisten Schreibenden dies fehlschlägt, zeigen eine Reihe von Lyrik-Neuerscheinungen aus der edition suhrkamp, von denen nur eine rühmenswert ist. Es sind dies die Gedichte des Polen Zbigniew Herbert. Geschult am geschmeidigen Stil der alten lateinischen Dichter Horaz und Ovid – das ist kein Spaß – schafft er ironisch und gelassen lebendige Poesie. „Die Verzweiflung der Stühle äußert sich in Knarren" ist einer seiner Sätze.[57]

VI

Abschließend darf etwas nicht unerwähnt bleiben, nämlich Wolfgang Kraus' Beitrag zur ersten dreiwöchigen Literatur- und Bildungsreise Herberts nach Deutschland im Mai 1966. Nach dem mehrmonatigen Aufenthalt in Österreich und einem Italienbesuch reiste der Autor von Wien aus nach München, Stuttgart, Frankfurt und Hamburg, wo eine Reihe von Lesungen veranstaltet wurde. In der Forschung wird irrtümlicherweise behauptet, dass die Einladung in die BRD ausschließlich eine Initiative des Direktors der Inter Nationes in Bonn, Götz Fehr,

---

55 Herbert, Zbigniew: „Erwachen", „Bastzaun unkrautbewachsen", „Insel", „Die Langobarden". *Literatur und Kritik* 1966, H. 1, S. 2f.

56 Herbert, Zbigniew: „Wiener Gedichte": „Prolog", „Warum Klassiker", „Sie legte ihr Haar (Inc.)", „Die Großprinzessin". *Protokolle '67. Wiener Jahresschrift für Literatur, bildende Kunst und Musik* 1967, Bd. II, S. 3–7.

57 Handke, Peter: „Bücherecke vom 31.05.1965". ORF Steiermark. Der Text der Radiosendung wurde veröffentlicht in: Ders.: *Tage und Werke*. Berlin: Suhrkamp 2016, S. 218–224, hier 223.

gewesen sei.[58] Inter Nationes als Institution der Bundesregierung, die die kulturelle, gesellschaftliche und politische Kommunikation Deutschlands mit dem Ausland im Medienbereich förderte, kontaktierte Wolfgang Kraus Mitte Dezember 1965. In seinem Brief an Götz Fehr bezeichnete er den Autor Zbigniew Herbert als jemanden, mit dem man Erfolg erzielen könne:

> Es handelt sich dabei um den heute wahrscheinlich prominentesten polnischen Lyriker und Prosaautor der mittleren Generation Zbigniew Herbert (41 Jahre), der bei uns eben den zum ersten Mal verliehenen „Österreichischen Staatspreis für europäische Literatur" erhalten hat. Herbert ist in Lemberg geboren, spricht gut Deutsch, und ist eine der sympathischsten und charaktervollsten Persönlichkeiten, die ich kenne. Seine Bücher sind bei Suhrkamp verlegt, und einige seiner Hörspiele wurden im Norddeutschen Rundfunk gesendet. Es wäre für ihn sicher sehr wertvoll, Kontakt mit Leitern der Hörspiel- und literarischen Abteilungen deutscher Rundfunkstationen aufnehmen zu können. Zbigniew Herbert wird bis Anfang März bei uns bleiben, sodass für eine eventuelle Reise in die Bundesrepublik dieser Monat in Frage käme.[59]

Die Reaktion seitens Inter Nationes erfolgte sehr schnell, denn bereits im Januar 1966 plante man in Bonn – in Kooperation mit dem Suhrkamp Verlag – die Bildungsreise des polnischen Dichters, welche vier Monate später dann auch zustande kam.

Wolfgang Kraus' kulturpolitische Aktivitäten haben an Herberts Lyrik und Prosa breites Interesse geweckt und damit seine literarische Karriere im deutschsprachigen Literaturbetrieb beflügelt. Die erste Einladung Herberts nach Wien im Oktober 1964 und die Verleihung des Staatspreises für Europäische Literatur ein Jahr darauf ebneten ihm den Weg zum literarischen Erfolg im Westen. Der ÖGfL-Leiter Wolfgang Kraus lud Herbert in den folgenden Jahren mehrmals nach Österreich ein, besuchte den Schriftsteller in Paris, Berlin und sogar in Warschau, obwohl es im Heimatland des Autors zu keinem Treffen zwischen den beiden kam, weil Herbert meist im Ausland weilte und im April 1973 in Kazimierz Dolny war. Kraus publizierte Rezensionen zu einigen deutschsprachigen Bänden von Herberts Gedichten und Essays und kommentierte Herberts Dichtung in eigenen Veröffentlichungen. In Wolfgang Kraus fand Herbert einen treuen und ergebenen Freund, der, inspiriert von der Aussagekraft und von der moralischen Botschaft seiner Lyrik, seit Mitte der 1960er Jahre das Werk Herberts im deutschsprachigen Raum kontinuierlich förderte.

---

58 Vgl. Zajas, Paweł: „Barbarzyńca w ogrodzie Suhrkampa. Zbigniew Herbert i jego niemiecki wydawca". *Teksty Drugie* 2015, Nr. 5, S. 386–410, hier 392.

59 Kopie des Briefes von W. Kraus an G. Fehr vom 17. Dezember 1965. Archiv der ÖGfL.

Henryk Citko

Wichtige Treffen.
Zeittafel der Aufenthalte Herberts in Österreich

1958

23.–24. Mai 1958

Zbigniew Herbert verbringt in Wien etwas mehr als einen Tag. Er kommt am 23. Mai nachmittags mit dem Zug an und wohnt vermutlich bei seinem Cousin Roman Herbert, zu dem drei Wochen früher Herberts Mutter Maria zu Besuch gekommen ist. Am nächsten Tag besichtigt er die österreichische Hauptstadt, am Abend reist er mit dem Zug über Straßburg nach Paris, wo sein erster langer Aufenthalt im Westen beginnt, der nahezu zwei Jahre lang dauert. [Am 21. April 1959 wird Herberts Hörspiel *Das andere Zimmer* (Produktion des ORF Wien, übers. Heinrich Kunstmann, Regie Julius Filip) ausgestrahlt][1].

1964

2.–25. November 1964

In Österreich beendet Herbert einen langen Aufenthalt im Westen, er war ab Juli 1963 in England, Frankreich, Italien, Griechenland und Deutschland. Gemeinsam mit Karl Dedecius fliegt er von Frankfurt/Main nach Wien, wohnt im Hotel Wandl am Petersplatz. Am 6. November präsentieren beide im Palais Palffy bei einem Leseabend, der von der Österreichischen Gesellschaft für Literatur veranstaltet wird, neue polnische Dichtung unter dem Titel „Namen der Unruhe. Neue polnische Lyrik seit 1956". Herbert liest zum ersten Mal seine Gedichte vor einem deutschsprachigen Publikum. In Wien lernt er den Literaturkritiker, Gründer und langjährigen Leiter der ÖGfL, Wolfgang Kraus kennen, der in den nächsten Jahrzehnten zum wichtigsten Förderer seiner Werke in Österreich wird. Er besichtigt Museen und arbeitet in Bibliotheken, wo er Material über die Normannen auf Sizilien findet. Er lernt Prof. Günther Wytrzens, den Vorstand des Instituts für Slawistik an der Universität Wien, kennen und hält dort am 16. November einen Vortrag. Am nächsten Tag fährt er mit Wolfgang Kraus für

---

1 Anm. des Herausgebers.

einige Tage nach Salzburg. Am Abend des 25. November reist er mit dem Zug nach Warschau.

1965–1966

21. Oktober 1965 – 20. April 1966 und ca. 10. – 22. Mai 1966

Am 25. Oktober nimmt Herbert im Palais Wilczek in Wien den renommierten Internationalen Nikolaus-Lenau-Preis (Österreichischer Staatspreis für Europäische Literatur) für hervorragende Errungenschaften im Bereich Lyrik entgegen, der mit 50.000 Schilling dotiert ist. Die Laudatio hält der Dramatiker Franz Theodor Csokor, Präsident des österreichischen P.E.N.-Clubs.

Am 27. Oktober wohnt Herbert einer Diskussion am letzten Tag des Kongresses „Unser Jahrhundert und sein Roman" (25. – 27. Oktober 1965) im Palais Palffy bei, bei der die polnischen Autoren Roman Karst und Tadeusz Konwicki sprechen.

Am 29. Oktober hat er als Preisträger des Nikolaus-Lenau-Preises einen Leseabend im Palais Auersperg; seine Werke liest Wolfgang Gasser, derselbe Schauspieler, der die Lesung im November 1964 mitgestaltet hat. Der Dichter gibt Interviews für Presse, Rundfunk und Fernsehen und wird zu zahlreichen Empfängen eingeladen.

Er hält sich im Kreise der Freunde von Wolfgang Kraus und Franz Theodor Csokor auf.

Vom 30. November bis zum 2. Dezember weilt er auf Einladung der Aktionsgemeinschaft Forum Stadtpark in Graz. Am 1. Dezember hat er dort einen Leseabend.

Die Weihnachtsfeiertage verbringt er in Wien mit dem befreundeten Ehepaar Magdalena und Zbigniew Czajkowski aus England. Danach fahren sie gemeinsam für eine Woche in die Alpen, nach Bad Gastein. Die Czajkowskis gehören zu den wenigen, die in seine Beziehung mit der österreichischen Schauspielerin Angelika Hauff eingeweiht sind.

Zu Beginn des Jahres 1966 eröffnet die literarische Monatszeitschrift *Literatur und Kritik*, eine Fortsetzung der Monatszeitschrift *Wort in der Zeit*, ihre erste Nummer mit Gedichten von Zbigniew Herbert. Es handelt sich um folgende Gedichte in der Übersetzung von Karl Dedecius: „Erwachen", „Bastzaun unkrautbewachsen", „Insel", „Die Langobarden" und „Bericht aus dem Paradies".

[Am 25. Januar wird Herberts Hörspiel *Die Höhle des Philosophen* als Produktion des ORF-Steiermark (übers. Heinrich Kunstmann, Regie Rudolf Kautek) ausgestrahlt].[2]

---

2 Anm. des Herausgebers.

Bis April 1966 hält sich Herbert vorwiegend in Wien auf, wo er intensiv arbeitet. In seinen Notizbüchern entstehen die Anfänge der ersten Gedichte aus dem Zyklus über Herrn Cogito; er beendet seinen Essay „Próba opisania krajobrazu greckiego"/„Versuch der Beschreibung einer griechischen Landschaft" und besucht Museen. Mitte Januar fährt er für ein Wochenende mit Angelika Hauff nach Gösing an der Mariazeller Bahn – dort entsteht das Gedicht „Warum Klassiker". Ende Februar-Anfang März verbringt er über zwei Wochen in Hauffs Haus in Selpritsch in Kärnten, wo er viel zeichnet und schreibt. Am 17. März veranstaltet F. T. Csokor für ihn in Mödling, der Stadt seiner Jugend, einen Autorenabend, bei dem er gemeinsam mit Angelika Hauff Herberts Gedichte liest.

Am 20. April reist Herbert mit dem Zug von Wien nach Italien, um den 10. Mai herum kehrt er zurück, trifft sich mit Freunden, lernt u. a. den Schriftsteller und Übersetzer Oskar Jan Tauschinski kennen und bereitet sich auf seine Reise nach Deutschland und Frankreich vor.

1973

6. – 9. März 1973

Herbert kommt für kurze Zeit nach Wien. Am 7. März findet im Wiener Palais Palffy im Rahmen des von der Österreichischen Gesellschaft für Literatur veranstalteten „Tages der Lyrik" ein Leseabend statt. Nach einem Gespräch mit Wolfgang Kraus liest er zusammen mit dem Burgschauspieler Helmut Janatsch Werke aus seinen Gedicht- und Prosabänden, die im Suhrkamp Verlag erschienen sind: *Gedichte* (1964), *Ein Barbar in einem Garten* (1965), *Inschrift. Gedichte aus zehn Jahren 1956–1966* (1967). Nach der Lesung gibt er Interviews für die Presse und das Fernsehen.

1. Mai – 11. August und 11. – 21. September 1973

Herbert kommt zusammen mit seiner Frau Katarzyna und mit Ryszard Krynicki, den er als Träger des Gottfried-von-Herder-Preises einladen konnte und der ein Jahresstipendium an einer gewählten Hochschule in Wien erhielt, nach Wien. Am 3. Mai nimmt er im Festsaal der Österreichischen Akademie der Wissenschaften den Herder-Preis und den Betrag von 12.500 DM entgegen. Den Preis übergibt der Rektor der Universität Wien, Prof. Dr. Günther Winkler.

Im Juni wohnt Herbert mit seiner Frau zwei Wochen im Haus von Angelika Hauff in Selpritsch in Kärnten; das Haus hat er früher im Prosagedicht „Dom Anieli" /„Angelikas Haus" beschrieben.

Nach der Abreise seiner Frau nach Polen Ende Juni fährt Herbert – auf Empfehlung von Wolfgang Kraus, der mit dem 1970 verstorbenen Dichter Herbert Zand und seiner Frau in Freundschaft verbunden war, nach Knoppen im Salzkammergut, in das Haus von Mimi Zand. Dort verbringt er mehr als einen Monat (2. Juli – 8. August). Er besichtigt die Umgebung, zeichnet, arbeitet an dem Essay „Lekcja łaciny"/„Die Lateinstunde" und an dem Drama „Baśń zimowa"/„Wintermärchen" ohne diese jedoch zu vollenden.

Nach seiner Rückkehr nach Wien begibt er sich mit Wolfgang Kraus nach Kirchstetten bei Wien, um den englischen Dichter W. H. Auden zu besuchen.

Am 11. August fährt er für einen Monat nach Griechenland, mit dem Ehepaar Czajkowski macht er auf deren Segelschiff eine Kreuzfahrt im Ionischen Meer.

Am 11. September kehrt er nach Wien zurück und wohnt bei Wolfgang Kraus. Wahrscheinlich schreibt er während dieses Aufenthaltes in Wien „Herrn Cogitos – des Reisenden – Gebet".

1975

4. März – ca. 20. Mai, 11. – 13. Juni, ca. 4. August – Mitte September 1975

Am 4. März beginnt der letzte längere Aufenthalt Herberts in Österreich, mit kleineren Reisen nach Deutschland und Frankreich sowie einer sechswöchigen Reise nach Griechenland, der letzten Reise in dieses Land.

Der März ist von Leseabenden in Wien ausgefüllt, wovon der erste – ähnlich wie zwei Jahre davor – im Palais Palffy stattfindet. Am 5. März wird im Rahmen des „Tages der Lyrik" der Gedichtband *Herr Cogito* vorgestellt, der Ende 1974 bei Suhrkamp erschienen war. Bei dieser Präsentation liest Herbert seine Gedichte gemeinsam mit Wolfgang Gasser. Die am 6. März aufgezeichnete und am 16. März im Rahmen des „Jour Fixe" ausgestrahlte Fernsehdiskussion über die Moral und das Recht mit dem Titel *Neue Maßstäbe der Moral,* an der Zbigniew Herbert und Prof. Dr. Günther Winkler, Rektor der Universität Wien, der ihm zwei Jahre davor den Herder-Preis überreicht hatte, teilnehmen, findet ein breites Echo in der österreichischen Presse. Dies aufgrund einer mutigen und sehr emotionalen Aussage Herberts über Jan Palach, den Studenten, der sich aus Protest gegen den Einmarsch der Truppen des Warschauer Pakts in die Tschechoslowakei im Jahr 1968 auf dem Wenzelsplatz in Prag verbrannt hatte. Diese Aussage entgeht nicht der Aufmerksamkeit des polnischen Sicherheitsdienstes, der nachher sogar einen Mitarbeiter nach Wien schickt, um die Sendung zu überspielen und sie anschließend in Warschau zu analysieren. Seit dieser Zeit wird die Tätigkeit Herberts im Ausland überaus gründlich beobachtet.

Mitte März fährt Herbert nach Salzburg und von dort in das nahe gelegene Rauris, wo er vom 12. bis zum 16. März an den zum fünften Mal stattfindenden „Rauriser Literaturtagen" teilnimmt. Er ist Gast in Rundfunk- und Fernsehsendungen. Auf dem Rückweg nach Wien macht er in Salzburg Halt, um die dortigen Museen zu besichtigen.

Einen Monat später, am 11. und 12. April, ist er in Graz, wo er im Forum Stadtpark im Rahmen des Zyklus „Literatur im Keller" einen Autorenabend hält. Von dort aus begibt er sich nach Knoppen zu Mimi Zand, um sich einen Monat lang zu erholen. [Im Herbert-Zand-Haus in Knoppen schreibt er das Nachwort zum Gedichtband des Lyrikers und Veranstalters der Rauriser Literaturtage Erwin Gimmelsberger].[3]

Um den 20. Mai fährt er zu einer Lesereihe nach Deutschland, um Geld für seine geplante Reise nach Griechenland zu verdienen. Von Deutschland aus fährt er noch kurz nach Frankreich, zu einem am 30. Mai stattfindenden Autorenabend im Pariser „Centre du Dialogue".

Am 11. Juni kehrt er nach Wien zurück; von dort aus macht er sich zwei Tage später über Jugoslawien zu seiner dritten und letzten Reise nach Griechenland auf.

Anfang August kehrt er nach Wien zurück, seine Frau kommt aus Polen und beide verbringen mehr als einen Monat in Knoppen. Sie erholen sich, genießen das Salzkammergut. In Hallstatt treffen sie am 15. August, in Begleitung von Wolfgang Kraus und Diana Canetti, den Dichter Jean Améry und dessen Frau Maria Leitner.

Herbert verlässt Knoppen für ein paar Tage, vom 30. August bis zum 3. September nimmt er am „Europäischen Forum" in Alpbach teil, wo sich jedes Jahr Intellektuelle aus der ganzen Welt treffen.

In der zweiten Septemberhälfte verlässt das Ehepaar Herbert Österreich und fährt nach Berlin.

[Am 17. September wird Herberts Hörspiel *Ein Schicksal* als Produktion des ORF-Steiermark (übers. Klaus Staemmler, Regie Rudolf Kautek) ausgestrahlt].[4]

---

3 Anm. des Herausgebers.
4 Anm. des Herausgebers.

1976

Österreich, ca. 26. August – ca. 8. September 1976

Österreich steht wieder einmal am Anfang eines längeren Aufenthaltes Herberts im Westen. Vom 28. bis zum 30. August ist er wieder Gast des „Europäischen Forums" in Alpbach, das in diesem Jahr vom 21. August bis zum 4. September stattfindet. Sein Hauptthema sind die *Grenzen der Freiheit*. Während des Forums unterschreibt der Dichter zusammen mit anderen Teilnehmern ein Telegramm an den Vorsitzenden des Obersten Sowjets der UdSSR mit dem Ersuchen um Freilassung des inhaftierten Dissidenten, Schriftstellers und Menschenrechtsaktivisten, Vladimir Bukovskij. Auf diese Weise setzt Herbert sein Engagement für die demokratische Opposition in Polen fort. (Dies stört die polnischen Sicherheitsorgane und doch sieht es der Sicherheitsdienst lieber, dass Herbert außerhalb von Polen weilt, weshalb die Gültigkeit seines Reisepasses immer wieder verlängert wird. Es soll verhindert werden, dass er sich als damals schon in Polen anerkannte moralische Autorität aktiv an der Tätigkeit der Opposition beteiligt. Herbert selbst will damals nicht nach Polen zurückkehren, unter anderem wegen der Zensur und des Publikationsverbotes seiner Werke).

1980

Österreich, ca. 10. – ca. 20. März 1980

Der letzte Aufenthalt Herberts in Österreich hängt mit seiner neuerlichen Teilnahme an den „Rauriser Literaturtagen" in Rauris bei Salzburg, die vom 12. bis zum 15. März stattfinden, zusammen. Er nimmt dort den von der Bausparkasse Gemeinschaft der Freude Wüstenrot gestifteten Literaturpreis in Höhe von 40.000 Schilling entgegen. Am letzten Tag gibt er einen Autorenabend. Von Rauris reist er für einige Tage nach Wien, um in erster Linie einige Museen zu besuchen; danach kehrt er nach Berlin zurück.

Aus dem Polnischen von J. Ziemska

ANHANG

BILDMATERIAL UND TEXTE

Zeichnungen und Fotografien

Zeichnungen und Fotos (1–8, 13–17, 22–23) stammen aus dem Zbigniew Herbert Archiv in der Nationalbibliothek in Warschau. Abbildungen 9–12 kommen aus der Wiener Bildagentur IMAGNO Brandstätter Images GesmbH und Bilder (18–21) wurden durch das Universalmuseum Joanneum Graz/Multimediale Sammlungen zur Verfügung gestellt.

Abb. 1: Blick auf das Maria-Theresien-Denkmal am Maria-Theresien-Platz. Wien 1973.

Abb. 2: Nachzeichnung der Skizze Egon Schieles *Liegender weiblicher Akt mit angezogenen Beinen*, 1918. Albertina, Wien 1973.

Abb. 3: Nachzeichnung einer Studie von Raphael Santi für das Bild *Madonna im Grünen*. Albertina, Wien 1973.

Abb. 4: Blick auf St. Wolfgang im Salzkammergut, 1973.

Abb. 5: Skizze des Schädels Kaisers Karl VI. Wien, Kapuzinerkirche, Kaisergruft 1973.

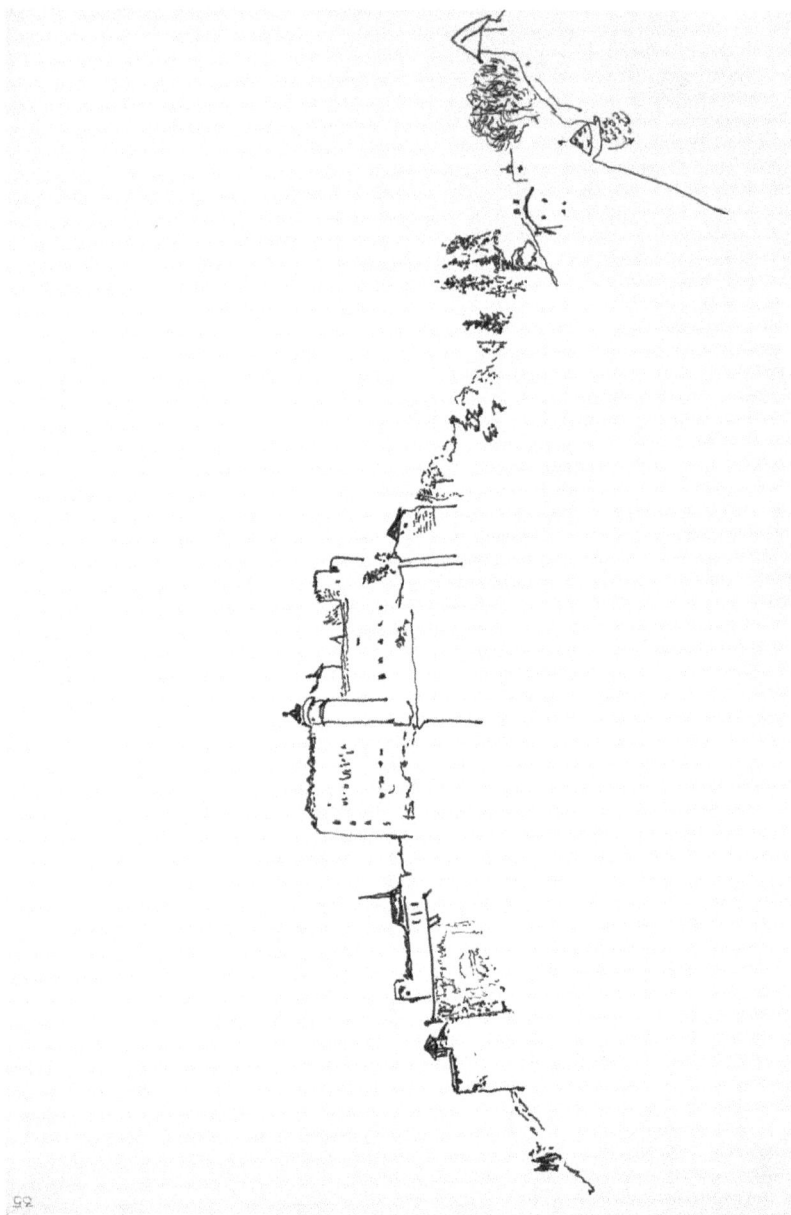

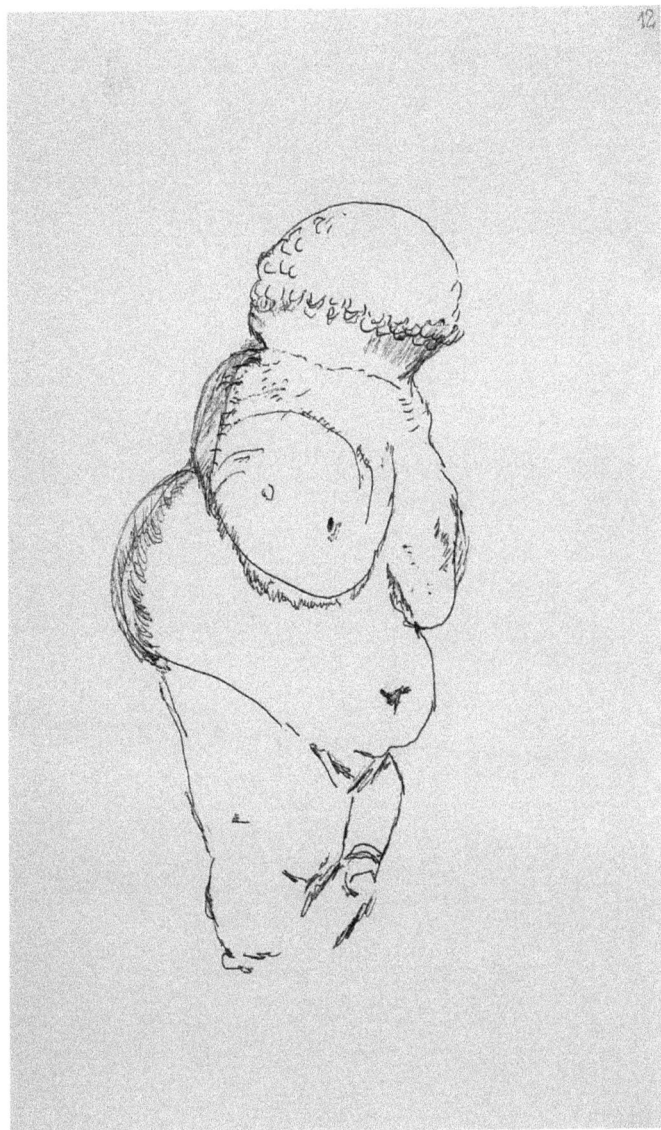

Abb. 7: Skizze der Venus von Willendorf. Naturhistorisches Museum, Wien 1980.

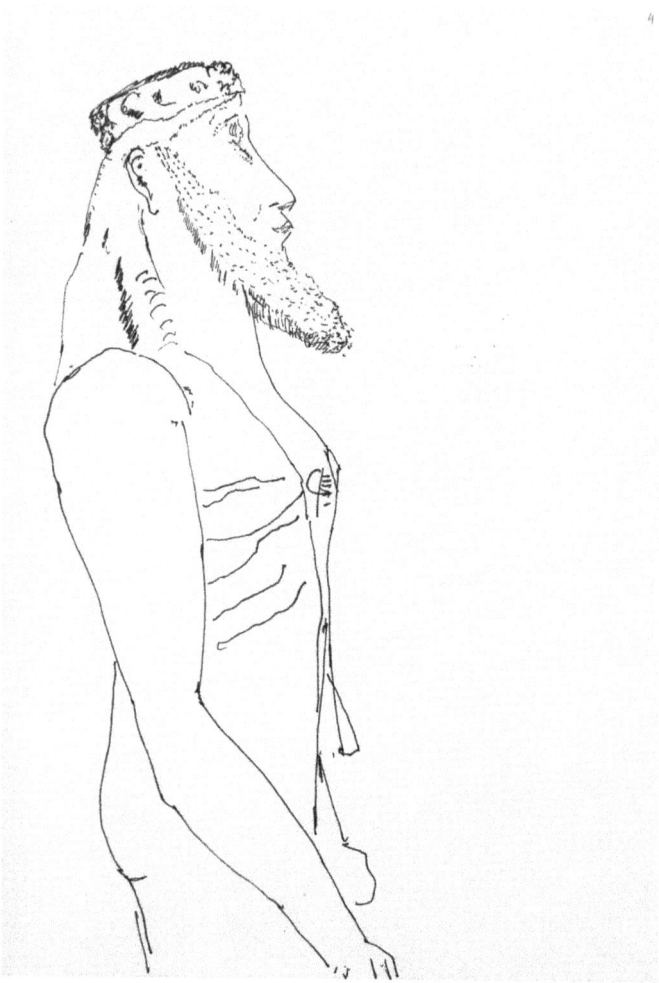

Abb. 8: Skizze der Votivstatue eines Mannes, Pyla (Zypern), 550–525 v. Chr. Kunsthistorisches Museum, Wien 1980.

Abb. 9: Bei der Österreichischen Gesellschaft für Literatur vor der Lesung am 6. November 1964. Foto: Otto Breicha.

Abb. 10: Zbigniew Herbert und Elias Canetti beim Kongress „Unser Jahrhundert und sein Roman" am 27. Oktober 1965. Foto: Otto Breicha.

Abb. 11: Im ersten Bezirk Wiens, November 1965. Foto: Otto Breicha.

Abb. 12: Peter Handke und Zbigniew Herbert, Wien November 1965. Foto: Otto Breicha.

Abb. 13: Dankesrede bei der feierlichen Verleihung des Internationalen Nikolaus-Lenau-Preises. Palais Wilczek, Wien 25. Oktober 1965. Foto: NN.

Abb. 14: Feierliche Übergabe des Gottfried-von-Herder-Preises. Zbigniew Herbert und Rektor Univ.-Prof. Dr. Günter Winkler. Großer Festsaal der Österreichischen Akademie der Wissenschaften, Wien 3. Mai 1973. Foto: Vouk

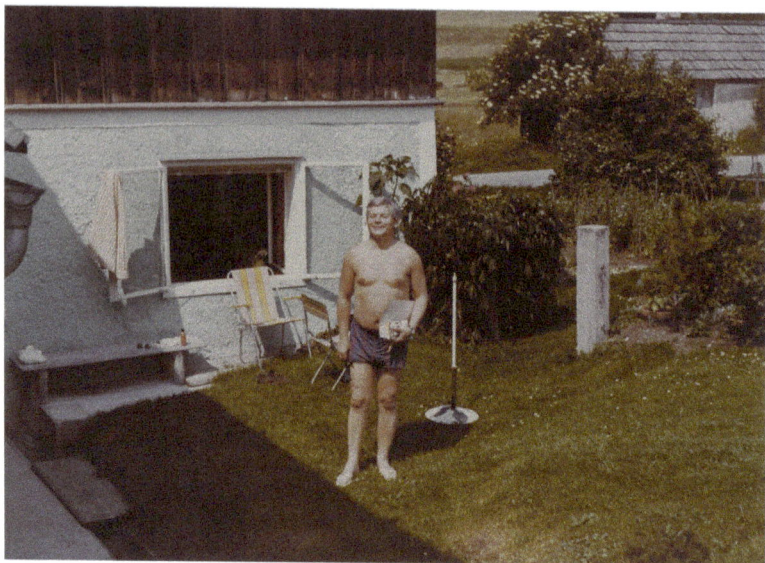

Abb. 15: Vor dem Haus Mimi Zands. Knoppen Juli 1973. Foto: NN.

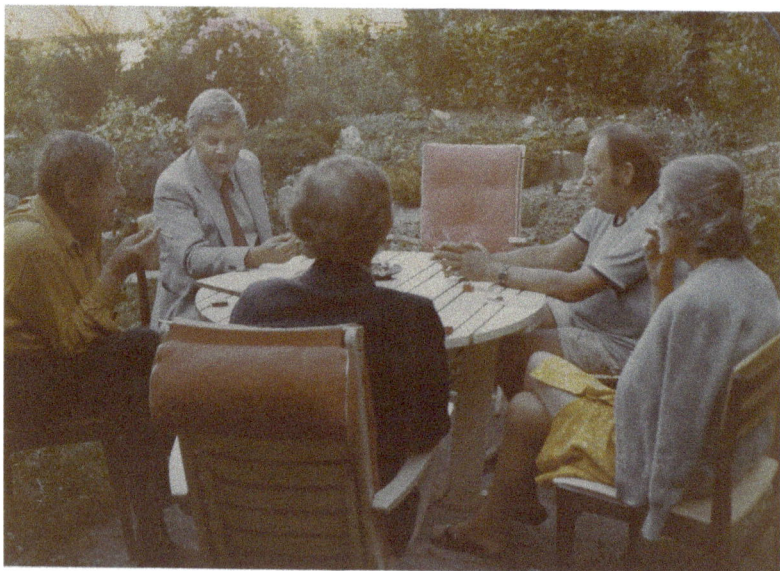

Abb. 16: Mit W. H. Auden (links) und seinen Freunden. Kirchstetten bei Wien 10. August 1973. Foto: Wolfgang Kraus.

Abb. 17: Vor der Lesung beim „Tag der Lyrik". Hella Bronold, Hans Haider, Zbigniew Herbert. Palais Palffy, Wien 5. März 1975. Foto: Raoul Blahacek.

Abb. 18: Am Bahnsteig mit Alfred Holzinger. Graz 11. April 1975. Foto: Stefan Amsüss.

Abb. 19: Vor dem Bahnhof. Graz 11. April 1975. Foto: Stefan Amsüss.

Abb. 20: Vor dem Bahnhof. Graz 11. April 1975. Foto: Stefan Amsüss.

Abb. 21: Vor der Lesung im Forum Stadtpark. Graz 11. April 1975. Foto: Stefan Amsüss.

Abb. 22: Mit Mimi Zand. Bad Aussee 1975. Foto: Albert Rastl.

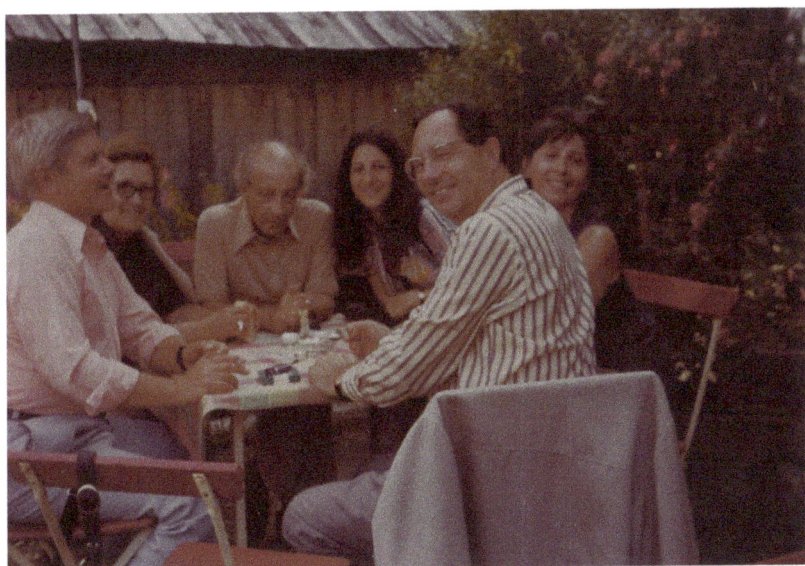

Abb. 23: Zbigniew Herbert, Maria Leitner, Jean Améry, Diana Canetti, Wolfgang Kraus, Katarzyna Herbert. Hallstatt 15. August 1975. Foto: Mimi Zand.

„Wiener Gedichte"

Zbigniew Herbert

WIENER GEDICHTE

Deutsch von Karl Dedecius

Prolog

Er Wem spiele ich auf? Den geschlossenen fenstern
den arrogant blitzenden klinken
fagotten des regens — traurigen rinnen
den in den abfällen tanzenden ratten

Die trommeln schlugen den letzten wirbel
im hof gabs ein einfaches leichenbegängnis
zwei bretter im kreuz den durchlöcherten helm
die große rose im himmel der brände

Chor Das kalb dreht sich am spieß
im ofen reift das braune brot
die brände verlöschen. Nur das gezähmte feuer dauert ewig

Er Und die sackleinene inschrift auf diesen brettern.
Die namen kurz wie eine salve
„Greif" „Wolf" „Geschoß" wer weiß sie noch
im regen verblich die rote farbe

Dann wuschen wir die verbände
lange jahre. Jetzt weint niemand mehr
in streichholzschachteln rascheln
feldmantelknöpfe.

Chor Wirf die andenken fort. Verbrenn die erinnerungen und tritt
in den neuen strom des lebens.
Nur die erde ist da. Die erde allein darüber die jahreszeiten.
Insektenkriege — menschenkriege und über der blüte des honigs der kurze tod.
Der roggen reift. Die eichen blühen. Die flüsse von bergen münden im ozean.

Er   Ich schwimme gegen den strom und sie mit mir
erbarmungslos sehn sie mir in die augen
sie flüstern trotzig die alten worte
wir essen unser bitteres brot der verzweiflung

Ich muß sie fahren an einen trockenen ort
den großen sandhügel baun
bevor der frühling die blumen ausstreut
bevor der nächtliche kräutertraum uns betäubt

Diese stadt —

Chor   diese stadt ist nicht da
sie ist unter die erde gegangen

Er   Sie leuchtet noch

Chor   Wie moder im wald

Er   Leer ist die stelle
aber darüber zittert noch immer die luft
nach jenen stimmen

Er   Der graben in dem das trübe wasser fließt
nenne ich weichsel. Schwer zu bekennen:
zu solcher liebe sind wir verurteilt
von solcher heimat sind wir durchbohrt

DIE GROSSPRINZESSIN

Ich die großprinzessin
Alexandra
tochter des zaren
heut eine kleine greisin
die letzte der Romanows
weiß alles

ich habe alles gesehen
zuerst die schuhe
danach die großen hände
gesichter sah ich nicht
neben mir sagte
Olga — papa
gleich danach sah ich
die blutverklebten haare
und das fast schwarze mieder
. da nahm mich der erzengel Gabriel
in seinen mund
es war schlimmer als sterben
diese zweite geburt

jetzt belle ich oder lache
auf der zertretenen wiese des teppichs
unter der glühbirne der metropole
an der eisernen kette
nur manchmal weine ich
auf der letzten seite
zwischen der aufgeschlitzten kasse
und der unbekannten wasserleiche

mein eigener kamm verhöhnt mich
das tränende waschbecken wendet sich von mir ab
das laken läuft durch das zimmer
— wer steht hinter dem vorhang
verboten

die weiße nachtigall
die in den abgeschnittenen zöpfen wohnt
zieht am faden
das flatternde herz
der großprinzessin
der letzten der letzten

WARUM KLASSIKER

für A. H.

I

Im vierten buch des Peloponesischen Krieges
erzählt Thukydides unter anderem
die geschichte seines mißlungenen feldzugs

neben den langen reden der führer
schlachten belagerungen seuchen
dichten netzen von intrigen
diplomatischen schritten
ist diese episode wie eine nadel
im wald

die griechische kolonie Amphipolis
fiel in die hände des feindlichen führers Brasidas
weil Thukydides mit dem entsatz zu spät kam

er zahlte der heimatstadt dafür
mit lebenslänglicher verbannung

die vertriebenen aller zeiten
kennen den preis

II

die generäle der letzten kriege
wenn ihnen ähnliches zustößt
knien vor der geschichte
beteuern ihr heldentum und ihre unschuld
sie klagen die befehlsempfänger an
die neidischen kollegen
die ungünstigen winde
Thukydides sagte nur
er hätte 7 schiffe gehabt

es wäre winter gewesen
er wäre schnell gesegelt

III

wenn ein zerschlagener krug
zum thema der kunst wird
die kleine zerschlagene seele
mit dem großen leid über sich

wird das was nach uns zurückbleibt
wie das weinen des liebespaares
in einem kleinen schmutzigen hotel
wenn morgens die tapeten dämmern

SIE LEGTE IHR HAAR

Sie legte ihr haar zurecht
vor dem spiegel und vor dem schlaf.
Das dauerte unendlich lange. Zwischen der einen
und andern beugung des armes im ellbogen
vergingen epochen. Aus ihrem haar fielen leis
die soldaten der III legion, der heilige Ludwig mit seinen kreuzrittern
die artilleristen von Verdun.

Mit starken fingern
sicherte sie die Glorie über ihrem kopf.
Das dauerte so lange
daß als sie endlich
ihren schaukelnden marsch begann
zu mir
blieb mein bislang so folgsames herz
stehn
und auf der haut erschienen
dicke körner salz

Herbert, Zbigniew: „Wiener Gedichte". *Protokolle '67. Wiener Jahresschrift für Literatur, bildende Kunst und Musik* 1967, Bd. II, S. 3–7. [Quelle: Archiv der Österreichischen Gesellschaft für Literatur, Wien].

Rede zum Internationalen Lenau-Preis, 25. Oktober 1965

Kochany Karolu,
przyjmij ten mały drobiazg
mam nadzieję że nie zdradziłem
ideałów naszej młodości
Twój, Zbigniew

Wiedeń [illegible] luty 1966

Nikolaus-Lenau-Preis 1965

In einem feierlichen Akt in den Festräumen des Unterrichtsministeriums verlieh am 25. Oktober 1965 der österreichische Minister für Unterricht den Staatspreis für europäische Literatur als Nikolaus-Lenau-Preis für Lyrik an den polnischen Dichter *Zbigniew Herbert*. Der Preis, der alljährlich vergeben werden soll, ist mit einem Geldbetrag von S 50.000 verbunden. (Wir drucken hier die Dankesrede ab, die der Preisträger nach der Urkundenübergabe gehalten hat.)

Während der Okkupationszeit habe ich die Gedichte von Lenau gelesen, einen der reinsten Dichter, den kennenzulernen mir gegeben war. In meinem Gedächtnis blieb lange die Strophe zurück:

> Weil' auf mir, du dunkles Auge,
> übe deine ganze Macht,
> ernste, milde, träumerische,
> unergründlich süße Nacht.

Diese und andere Worte meiner Lieblingsdichter habe ich durch eine Nacht getragen, die gar nicht mild und süß war. Wenn mir damals jemand gesagt hätte, daß man einmal meinen Namen mit dem dieses großen Dichters verbinden würde, dann hätte ich das für einen Scherz gehalten.

Ich bin bewegt und Ihnen tief dankbar, Herr Minister und meine Herren Preisrichter, für die Verleihung dieses ehrenvollen Preises. Ich weiß wohl, daß diese Ehrung nicht nur meinem persönlichen Verdienst gilt, sondern auch ein Zeugnis ist für das Interesse, das man in Österreich der polnischen Literatur entgegenbringt. Ich bin froh darüber, daß das dichterische Wort die Grenzen überspringt und Gespräche nicht nur mit seinem eigenen Volk führt, sondern auch mit anderen Bewohnern der Erde, des Vaterlands aller Menschen. Es sei mir hier gestattet, mit Dankbarkeit unserer Übersetzer zu denken, jener unschätzbaren Gesandten literarischer Annäherung, ohne die wir im Kreis unserer Muttersprachen eingeschlossen blieben.

Wenn die Poesie eine universale Erscheinung ist, die Rede der Welt, dann meiner Meinung nach auch deshalb, weil sie wirkliche Erfahrungen der Menschheit übermittelt. Sie ist eng mit dem Schicksal des Menschen und der Geschichte verbunden. Geschichte setzt man gewöhnlich gleich mit Brand, Mord und Eroberung. Zu oft aber vergißt man jene Zeiten, in welchen die Vernunft über Wahnsinn dominierte, jene Perioden, in welchen man bestrebt war, die Konflikte nicht mit dem Schwert zu lösen, sondern mit geduldiger Vermittlung und Kompromissen — ja, auch mit Kompromissen, die mehr Phantasie beweisen als militärische Strategie.

Wenn ich oft in meiner Arbeit zu antiken Themen und zum Mythos zurückkehre, tue ich es nicht aus Koketterie, und es geht mir nicht um ein Klischee intellektueller Ornamente, — ich möchte die alten Ideen der Menschheit abklopfen, um festzustellen, ob sie nicht hohl tönen. Außerdem will ich auf die Frage antworten, welchen Sinn heute, für uns, einst ehrenvolle Begriffe wie Ehre, Freiheit und Menschenwürde besitzen. Ich glaube, daß ihr großer Inhalt nicht verdampft ist.

Der Beruf des Schriftstellers ist gar kein sicherer Beruf. In unserer Epoche ist es sehr schwierig, ein fröhlicher Gärtner der Wörter zu sein. Man muß sich allem Leid und aller Zerrissenheit der modernen Welt stellen. Das stolze Wort Goethes „Der Dichter steht viel zu hoch, als daß er Partei machen sollte" schließt eine Warnung ein, aber es befreit nicht von Verantwortung.

Ich habe jetzt viele große Worte gesagt — und doch bin ich mir wohl bewußt, daß die Position des Dichters im Kampf und Lärm der Welt keine starke und entscheidende Position ist. Viele Mächte lauern darauf, seinen guten Glauben auszunützen. Aber wie auch immer die Zukunft sein wird, muß man doch

noch einmal
mit sterblichem ernst
der verratenen welt
eine rose
schenken.

Wort in der Zeit 1965, Nr. 12, S. 56f.

Oben handschriftliche Anmerkung Herberts in polnischer Sprache: „Kochany Karolu, / przyjm ten mały drobiazg / mam nadzieję, że nie zdradziłem / ideałów naszej młodości / Twój Zbigniew / Wiedeń, zły luty 1966" [Lieber Karl, nimm diese Kleinigkeit entgegen / ich hoffe, ich habe die Ideale unserer Jugend nicht verraten / Dein Zbigniew / Wien, schlechter Februar 1966]. Die gedruckte Preisrede wurde wahrscheinlich als Anhang zu dem Brief Z. Herberts vom 5. Februar 1966 an K. Dedecius verschickt. [Quelle: Karl Dedecius Archiv, Collegium Polonicum Słubice].

„Ein Wiener Journalist …", 29. Oktober 1965

Meine Damen und Herren

Ein Wiener Journalist fragte mich unlängst, ob ich ein moderner
Dichter sei. In seinen Augen lauerte Angst. Ich wußte: antworte
ich bejahend, so wird er aufhören, mich für einen normalen
Menschen zu halten. – Das wäre für mich eine bequeme Lösung. Von
diesem Augenblick an würden mich die Regeln der Grammatik und
Logik nicht mehr verpflichten.

Journalisten wissen, was das Publikum interessiert. Ich möchte
mich daher mit Ihnen ein wenig über das Thema der Avantgarde
unterhalten. [Graz ist ja, wie man mir sagte, *eine* Hauptstadt
des Experiments und der Suche nach neuen Wegen.]

In der europäischen Lyrik sind seit den Tagen Rimbauds die
wichtigsten und kostbarsten Errungenschaften das Verdienst der
Avantgarde gewesen. Sie war es, die eine neue, präzise poetische
Sprache erarbeitete und neue Räume für die Vorstellung eroberte.
Der Triumph der Avantgarde dauerte bis zum Ausbruch des Zweiten
Weltkriegs. Dann kam die Apokalypse, ein Begriff, den man
vergeblich im Wörterbuch der Avantgarde suchen wird.

Die Situation des ~~Dichters~~ (Künstlers) hat sich nach dem
Krieg grundsätzlich geändert. Die Massengesellschaft akzeptiert
– aus Snobismus oder aus Masochismus – sehr rasch die Avantgarde.
Es gibt heute keine akademische ~~Kunst mehr~~, keinen ausgeprägten
bürgerlichen Geschmack. Der Kampf gegen ihn ~~war jedoch~~ die
Antriebskraft der Avantgarde. Künstlerische Revolutionen schokieren
heute niemanden, entrüsten keinen Menschen. Vor der Literatur
stehen andere, ernstere Aufgaben.

Ich glaube, daß die Dichtung ihre Würde, ihren Sinn und ihren
Platz wiedergewinnen ~~muß~~, ~~indem~~ sie sich mit der Geschichte
und mit dem Schicksal des Menschen verbündet. Eine solche
Dichtung ~~vermag sich vor~~ den ewig menschlichen Empfindungen

wie

~~zu rühren: von~~ Zorn, Freude, Mitgefühl. Die alten Worte:
Freiheit, Güte, Schönheit haben - entgegen allen Behauptungen
der Pessimisten! - ihren Sinn nicht eingebüßt. Die moderne
Dichtung sollte diese Worte aufs neue definieren, sie im
Bewußtsein verankern. ~~Die Zeit der neue ... ... gekommen~~

Ingeborg Bachmann hat gesagt - ich zitiere aus dem Gedächtnis,
also nicht wörtlich -, daß man nach Auschwitz keine Gedichte
mehr über den Sonnenuntergang schreiben könne. Wir müssen die
schmerzlichen Erfahrungen des letzten Vierteljahrhunderts auf
unsere Schultern nehmen. Ein Dichter - sofern er seine Arbeit
ernst nimmt - ist Richter, Ankläger und Angeklagter seiner Zeit.

Was ich hier - notgedrungen kurz und skizzenhaft - gesagt
habe, klingt gewiß pathetisch und zugleich apodiktisch. Ansprachen
sind nicht meine starke Seite. Ich wollte nur ~~das~~ andeuten, was
mich persönlich beunruhigt und interessiert, keinesfalls aber
belehren oder Manifeste proklamieren.

Ich bin übrigens ein Dichter der Frage - nicht einer der
Antwort. Ich repräsentiere hier niemanden und nichts außer
mich selbst. - Und dies noch dazu recht unbeholfen.

Die Rede *Ein Wiener Journalist …* wurde entgegen der herrschenden Meinung (Franaszek, Andrzej: *Herbert – Biografia II: Pan Cogito.* Znak: Kraków 2018, S. 95) während der Lesung in Wien am 29. Oktober 1965 und dann vielleicht auch in Salzburg und Graz gehalten. Dies beweisen die Pressestimmen mit Bezügen auf den Text, welche direkt nach der Wiener Dichterlesung erschienen sind. (Siehe den Beitrag über Z. Herbert und W. Kraus). Die blauen handschriftlichen Korrekturen stammen höchstwahrscheinlich vom Übersetzer K. Dedecius und die schwarzen von Z. Herbert. [Quelle: Zbigniew Herbert Archiv].

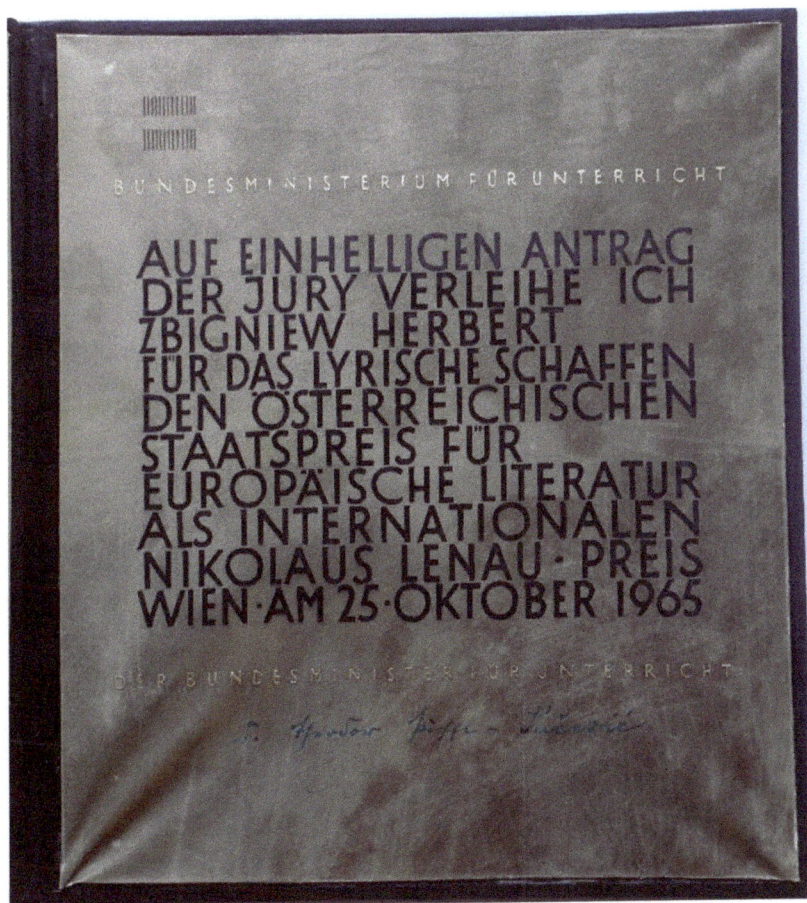

Urkunde des Internationalen Nikolaus Lenau-Preises, welche Zbigniew Herbert in Wien am 25. Oktober 1965 überreicht wurde. [Quelle: Zbigniew Herbert Archiv].

„Dankworte …" anlässlich der Verleihung des Herder-Preises, 3. Mai 1973

Dankworte im Namen der Preisträger
von Herrn Zbigniew Herbert

Im Namen der Träger des Gottfried-von-Herder-Preises für das Jahr 1973 möchte ich der Stiftung und den Juroren unseren Dank für die uns zuteilgewordene hohe Auszeichnung aussprechen. Unsere Freude und Dankbarkeit ist um so größer, als die berühmte Alma Mater Rudolphina der Feier der Preisverleihung gütig ihre Gastfreundschaft gewährt.

Ich glaube, eine der wichtigsten Aufgaben derer, die für das Los der Kultur verantwortlich sind — und im Grunde betrifft das natürlich uns alle — ist die Wiederherstellung der durch Krieg, Haß und Dummheit zerrissenen Bande der großen, gemeinsamen humanistischen Traditionen Europas. Ich weiß wohl, daß ich damit etwas wenig Modernes sage, aber ich bin bereit, meinen altmodischen Glauben oder vielleicht auch meine Illusionen zu verteidigen. Manche Anfänger in der Geschichte erklären, diese wunderbare humanistische Tradition habe die Menschheit nicht vor der Barbarei bewahren können, deren Zeugen die drei letzten Generationen geworden sind. Das ist wahr. Aber die Kultur ist nicht ein Rezeptbuch zur Heilung der Welt; sie ist auch kein Vermögen, das automatisch vererbt wird. Sie ist die Herausforderung an jede Generation, eine Wertordnung zu schaffen, für die es sich lohnt zu leben.

Während des letzten Krieges haben sich zwei polnische Humanisten forgendermaßen getröstet: „Machen Sie sich keine Sorgen um die Zukunft der Kultur; sie wird immer letzten Endes doch siegen, weil die Menschheit ohne Kenntnis der lateinischen Grammatik kein Glück finden kann. Es kommt die Zeit, da die Machthaber seufzen werden: nun haben wir so viele Menschen umgebracht, so viele in Konzentrationslagern eingeschlossen, aber der Kaffee nach dem Mittagessen schmeckt uns nicht mehr, weil wir die lateinische Grammatik nicht kennen."

Die beiden Humanisten kamen grausam zu Tode und ich, dem es gelang zu überleben, weiß wohl, daß nichts den Despoten den Geschmack an Kaffee wie an Blut zu verderben vermag. Aber ich bin nicht bereit, über die Naivität zu lächeln; denn sie ist ein Attribut der Güte und des reinen Herzens.

Es ist riskant, in Anwesenheit hervorragender Kenner der deutschen Literatur, dilettantische Bemerkungen über den Patron dieses Preises zu machen. Aber als ich in seinem Werk las, verließ mich nicht der Gedanke, daß Johann Gottfried Herder, dessen Name und Gedenken hier nicht zufällig aufgerufen sind, ein naiver und gütiger Genius war.

Durch die außerordentliche Gastfreundlichkeit seines Geistes, ein Kennzeichen selbstloser Menschen, die sich anderen zu widmen vermögen, war er das Beispiel eines Erbauers von Brücken der Verständigung zwischen den Völkern. Er ist der Dichter, der sein Talent in den Dienst des Übersetzens stellte und in unserem Bewußtsein eben als kongenialer Übersetzer weiterlebt, womit nicht die Schwierigkeit der Übertragung fremder Worte in die eigene Sprache gemeint ist, sondern vor allem die Entdeckung anderer Rhythmen, anderer Vorstellungen, anderer Empfindlichkeiten, das Sich-zu-eigen-Machen anderer Welten.

Die Sprache als Mauer und als eine von Zöllnern eifrig bewachte Grenze ist die Erfindung derer, die die Freiheit fürchten. Herder hatte eine subtile Fähigkeit, verschiedene menschliche Stimmen zu vernehmen, ihre besondere Schönheit, ihren eigenartigen Charme herauszuhören, aber er verstand wohl, daß es eine höhere Ordnung gibt, die die Verschiedenheiten in Einklang bringt. Er schreibt:

„Wären die Menschen Nationaltiere, deren jedes seine Sprache ganz unabhängig und abgetrennt von anderen selbst erfunden hätte, so müßte dies gewiß eine größere Verschiedenartigkeit zeigen, als vielleicht die Einwohner des Saturns und der Erde gegeneinander haben möchten. Dies ist aber nicht der Fall. Auch die Vielgestaltigkeit der individuellen Menschensprachen bewegt sich im Bereich desselben göttlichen Wesens des Menschen".

Es wäre ebenso leicht wie sinnlos, aufzeigen zu wollen, wie oft Herder sich irrte, daß er an die Echtheit Ossians glaubte und Shakespeare anders verstand als wir Heutigen. Er war ein Vorläufer, und so wurde ihm die Größe und das Elend aller bahnbrechenden Vorläufer zuteil, die im einzelnen irren mögen, während ihre Intuition

Rektor Universitätsprofessor Dr. Günther Winkler überreicht Medaille
und Urkunde dem Dankredner, Herrn Zbigniew Herbert

Neuland entdeckt. So hat Herder mehr angekündigt, als er zu erfüllen
vermochte, aber den Nachfolgern den Weg bereitet. „Die Unruhe des
Frühlings trieb ihn umher, aber er selber war der Frühling nicht".

Wie die Argonauten das goldene Vlies so suchte Herder hartnäckig
den Ursprung der Sprache, die Urquelle der Poesie.

Diese Leidenschaft des Forschens war Ausdruck des Glaubens an
den alten Mythos der Menschheit, an den Mythos von Arkadien, vom
verlorenen Paradies, von der ursprünglichen Unschuld des Menschen.

Einen Preis — und gerade diesen Preis — verliehen zu bekommen, bedeutet, ich weiß das wohl, sich in eine Verschuldung zu bege-
ben. Ein solcher Preis verpflichtet seinen Träger, sich einer Literatur
oder Wissenschaft zu befleißigen, die kein Spiel mit Worten ist —
sondern ein Treffpunkt für die schwierige Verständigung zwischen
den Menschen.

Auszug aus der anlässlich der Verleihung der Gottfried-von-Herder-Preise 1973
erschienenen Broschüre der Stiftung F.V.S zu Hamburg. [Quelle: Zbigniew Herbert
Archiv].

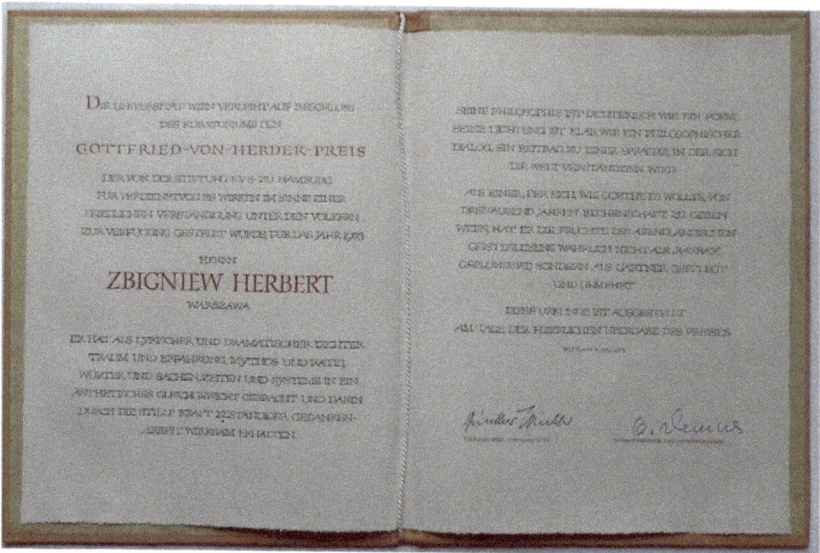

Urkunde des Gottfried-von-Herder-Preises, welche Zbigniew Herbert an der Universität Wien am 3. Mai 1973 überreicht wurde. [Quelle: Zbigniew Herbert Archiv].

Stimmen der österreichischen Literaturkritik

Die Andere Zeitung 6.1

61.66

F. T. Csokor:

Polnische Dichtung

In Polen bildete sich durch den Zweiten Weltkrieg eine neue Erlebnismasse, wie sie in ihrer Schwere keine Generation vorher je erfahren hatte. Auch die Reaktion darauf entwickelte sich anders. Obgleich schließlich beinahe gänzlich zerstört, verharrte Polens Hauptstadt in einem dauernden Widerstand, so daß der Feind sie eigentlich nie ganz in die Hand bekam. Freilich verwandelte sich diese Stadt der Weichselnixe bald in einen einzigen großen Friedhof, auf dessen Plätzen und in dessen Gärten man die Gefallenen eilig verscharrte, um weiter zu kämpfen. Heute noch berichten die epitaphe der Tore von jenen, die dort in Rudel zusammengetrieben starben, eine anonyme Armee, die sich selbst einberufen und mobilisiert hatte. Von den Barrikaden und aus den Gebäuden verjagt, kletterte der Widerstand in die Kanäle hinab. Von dem Feind auch da verfolgt, fiel er im unterirdischen Handgemenge oder er erstickte, an die niedergelassenen Gitter zur Weichsel gedrängt, im Kot der Latrinen. Ungefähr sechshunderttausend Polen opferten so in Warschau ihr Leben.

Und Polens Dichter, die Jungen vor allem, die damals an die Zwanzig zählten — was sollten sie tun, wenn sie nicht auf der Straße ermordet wurden, wie Bruno Schulz, der, polnische Kafka? Sollten sie verschweigen, was sie erlitten und weiter über ihre zarten privaten Leidchen ziselieren, sollten sie weiter wie Kinder vor einem Leben stehen, darin man die Kinder ihrer Nachbarn in Feuerofen verheizte? Sollten sie sich in heroischen Gesten erschöpfen? Der Wert des Heldenlorbeers sank vor den großen Menschenauskäufern in den KZs von Maidanek und Auschwitz und bei den Warschauer Massenexekutionen. Welches Ideal entsprach also der neuen Situation? Das jüngste Buch des in dem vor 1918 österreichisch gewesenen Lemberg 1924 geborenen Zibigniew Herbert nannte sich „Studium des Objektes", und das umschreibt vielleicht am genauesten die Sendung des Dichters und im besonderen des Lyrikers Herbert in einer so entarteten Zeit. Auch bei seinem um drei Jahre älteren Landsmann

Różewicz findet sich eine ähnlich unterkühlte Methode der Betrachtung des in strenger Isoliertheit entstandenen Gedichtes. Niemand aber verstand eine daraus zu fordernde neue Einstellung zum Vers wie in der Kurzprosa in einer derart meisterlichen Formulierung auszufeilen wie Zbigniew Herbert, der denn auch verdienterweise erst kürzlich mit dem österreichischen Lenaupreis ausgezeichnet wurde. Nicht das Sentiment, sondern die anatomisch präzise Darstellung bewirkte nun, da der Krieg zurückwich, eine neue Auschilderung, die die Lyrik bisher nie erreichen konnte. Einem bei Suhrkamp erschienenen Bändchen („Gedichte", edition suhrkamp, Band 88, 3 DM) der von dem trefflichen Übersetzer Dedecius kontrollierten Auswahl aus drei Gedichtbüchern Herberts hat der Verlag nun eine Prosaarbeit desselben Autors folgen lassen: „Ein Barbar im Garten" (edition suhrkamp, Band 111, 3 DM). Darin finden sich großartige Essays über französische und mittelitalienische Städte. Daß Polen die lateinische Nation unter den Slawen ist, erweist sich hier ebenso wie in jenen eisklaren lyrischen Meditationen, als die man das Einzigartige seiner Gedichte anerkennen mußte.

Durch das Prinzipielle einer solchen Einstellung lehrt uns Herbert auch das Unmenschliche ins Auge fassen. Was er selbst „Studium des Objektes" betitelte, findet hier statt. Seine Gedichte wie „Nike wenn sie zögert" oder „Die Fünf" bilden hier geradezu Modellfälle. Die uns gegebenen geistigen Konzentrate heben das Gedicht in einen höheren Sinn zu zeitloser Gültigkeit. Sie uns gefunden zu haben und fernerhin zu finden bleibt die dauernde Bedeutung des jungen Dichters.

Seine Gedichte werden Alarmzeichen für uns sein — wie jener feierliche Ruf aus der Höhe, der am 1. September 1939 aus dem von Motorensummen erfüllten Himmel warnte: „Oglaszam alarm dla Miasta Warszawy" — „Ich erkläre Alarm über die Stadt Warschau" — immer wieder kommt dieser Alarm, und aus Herberts Gesicht hallt er ganz rein und stark und hinaus über unsere Zeit, die zu überwinden in ihnen aufgerufen wird.

Csokor, Franz T. „Polnische Dichtung". *Die Andere Zeitung* 06.01.1966. [Quelle: Zbigniew Herbert Archiv].

Buchbesprechungen

Polnische Autoren in deutscher Übersetzung

In letzter Zeit erschienene Werke

Jozef Hen : Der Boxer und der Tod, Langen-Müller-Verlag, München-Wien, 1964.

„Vor allen Dingen aber hieß es, sich selbst zu verstehen, die verlorene Auflehnung wiederzufinden, sein ‚Nein‘ und das eigene ‚Ich‘", schreibt Jozef Hen im Vorwort zu seinem ersten in deutscher Sprache erschienenen Band Kurzprosa. In Polen ist Hen seit spätestens 1954 bekannt. Von diesem Zeitpunkt datiert auch seine Tätigkeit für den Film, und 1962 debütierte Hen als Regisseur: er verfilmte die im vorliegenden Band enthaltene Novelle „Autobusse wie Schildkröten". Verwerten einige Kurzgeschichten — wie die Titelgeschichte „Der Boxer und der Tod" — Erlebnisse und Probleme der Kriegs- und Nachkriegszeit, so stellt sich Hen in „Autobusse wie Schildkröten" dem jungen Menschen der unmittelbaren Gegenwart zum Thema. Die Freundin des Studenten Wojtek kommt nicht zum Rendezvous. Hat sie darauf vergessen? Handelt es sich um ein Mißverständnis? Wojtek denkt nicht viel darüber nach; er geht im Dorf herum, spricht mit den Leuten, wartet auf die langsam heranschleichenden Autobusse. Die Freundin kommt nicht, Wojtek bleibt allein — und durch dieses Alleinsein, in dieser „Zeit der Reife", lernt er, „das eigene Ich wiederzufinden".

Jozef Hen begann seine literarische Karriere mit Reportagen und Reisetagebüchern. Sein Stil hat weder symbolischen noch experimentellen Charakter, die Sätze implizieren nicht eine interpretierbare Bedeutung, sie sind Bericht oder Kommentar. Diese unaufdringlich realistische Erzählweise erweist sich oft besonders wirksam: ein Regisseur besetzt den „Borkman" mit einem schon lange verstorbenen Schauspieler („Ferulas große Rolle"), die Atmosphäre

im Wartezimmer eines berühmten Arztes veranlaßt den Patienten, es zu verlassen („Der Pelz"), eine Schulklasse imaginiert die Wohnung ihres Lehrers („Der Palast des Herrn Lehrer"). — dies alles sind Skizzen, in denen die Banalität mit den einfachsten Sprachmitteln zur Groteske verdichtet wird.

Nach dieser von Renate Lachmann vorzüglich übersetzten Sammlung darf man auf die nun ausstehende Übertragung von Hens Romanen gespannt sein.   H. K.

Zbigniew Herbert : Gedichte, mit einem Nachwort von Karl Dedecius, edition suhrkamp, 1964.

Manche Leute werfen der Nachkriegsliteratur vor, daß sie nicht mit rauschenden Fahnen in die Zukunft aufbricht und die Gegenwart nicht mit tönenden Dithyramben besingt. Man drückt dies in Westen und Osten mit verschiedenen Worten aus und stellt gewiß auch verschiedene Ansprüche, man tut es vor allem mit verschiedenem Nachdruck, aber die Forderung als solche bleibt sich gleich. Man übersieht dabei, daß sich das neue Bewußtsein aus der Resistance gebildet hat und der Widerstand zu einem Grundmodell kritischen Denkens geworden ist. Im Westen ist dieses Grundmodell nicht mehr so deutlich erkennbar, obwohl es das Kennzeichen einer Generation bleibt; bei den Autoren der Ostblockländer tritt es hingegen mit großer Klarheit hervor, ein ideeller Überbau, der sich über dem historischen Anlaß der Faschismen und ihrer Überwindung erhebt ein scharfes, nüchternes Denken, das den Menschen, sein Glück und sein Elend, nie aus dem Auge verliert.

Es ist ein kritisches, mißtrauisches, moralistisches Denken. „den anderen die grüne glocke

des baums / die blaue glocke des wassers (...)
ich klopfe ans brett / und es antwortet mir / das
trockene Gedicht des moralisten / ja — ja
nein — nein", schreibt Zbigniew Herbert in
einem seiner Gedichte.
Herberts Biographie ist für das Entstehen einer
solchen Grundhaltung sehr aufschlußreich. Er
wurde am 29. Oktober 1924 in Lemberg geboren, war also bei Kriegsbeginn fünfzehn und
bei Kriegsende zwanzig Jahre alt. Erst elf
Jahre später, 1956, wird er in Polen allgemein
bekannt, wieder sieben Jahre später erscheint
ein Hörspiel in deutscher Sprache und 1964
dann die vorliegende Auswahl aus seinen
Gedichten. Eine langsame Entwicklung also,
die Entwicklung eines Menschen, der warten
und auf Effekte verzichten kann.

ich möchte den mut beschreiben
ohne den staubigen löwen hinter mir her-
    zuziehen
die unruhe
ohne das glas mit dem wasser zu schütteln

In dieser langsamen Entwicklung, in der alles
überprüft wird, die Realität und die Sprache,
die von dieser Realität berichtet, entsteht das
Gedicht nur stockend, werden die Brüllworte
und die lauten Töne (also auch der „Seelen-
lärm", wie Broch gesagt hätte), sorgsam aus-
gespart. Es ist diese abwartende, alles über-
prüfende, dabei unnachgiebige Haltung, die
das Kennzeichen der Resistance geblieben ist;
der Autor versteht sich selbst als einen Widerstand und sein Werk als eine Prüfstrecke, der
sich sowohl die Sprache eines Volkes wie auch
die Realien für die Dauer ihres Durchganges
durch diese Prüfstrecke zu unterwerfen haben —
und er kann in dem Maße warten und ist von
seinem augenblicklichen Erfolg unabhängig, in
dem er sich selbst nicht als letzte und einsame
Instanz erlebt, sondern den Menschen, für die
er prüft, verpflichtet bleibt. Vielleicht erklärt
sich so die erstaunliche Ruhe und Kraft, die
man aus Zbigniew Herberts leisen Worten
heraushört, den Worten eines Mannes, der mit
fünfzehn Jahren aus Kindheit und Heimat auf-
gescheucht wurde und wahrscheinlich mit
zwanzig Jahren schon mehr gesehen hatte als
mancher Abenteurer alten Schlages in seinem
ganzen Leben.

72

Herbert ist ein Dichter der Tapferkeit, der
Scheu und einer neuen Reinheit.
    Du schaust auf meine hände
    und sagst — sie sind schwach wie blumen
    du schaust auf meinen mund
    zu klein um zu sagen: welt
oder:
    zwischen zwei herzschlägen hat eine menge
      erfahrung platz
    so viele gegenstände kann man in beide
      hände nehmen
    wundert euch nicht daß wir die welt nicht
      beschreiben können
    wir nennen die dinge nur zärtlich bei ihren
      namen.
Viel Lautes aus der Nachkriegszeit ist verhallt
und vergessen worden. Zbigniew Herbert lernen
wir erst spät kennen. Es besteht kein
Zweifel, daß man schon diesen ersten Auswahl-
band in die Bibliothek eines an der Gegen-
wartsliteratur interessierten Lesers aufnehmen
sollte. Es ist erstaunlich, wie hier einem äußer-
sten Maß an Sprödigkeit der Sprache Schönheit
abgewonnen wird.   Herbert Zand

Stefan Kisielewski: ‚An dieser Stelle Europas'.
Ein Pole über Ost und West und andere Fragen Europas. Aus dem Polnischen von
Wanda Bronska-Pampuch. Piper-Verlag, München 1964.
Immer wieder wird von marxistischen Theore-
tikern erklärt, daß nicht die Freiheit, sondern
ein bestimmtes, genau vorgezeichnetes Engagement die beste Bedingung für die Kunst schaffe.
Zwar wäre solch eine Behauptung in der
Geschichte mit allerlei feudalistischen Beispie-
len (die aber nicht angeführt werden) zu stützen,
doch scheint sie für die Gegenwart nicht mehr
zuzutreffen: denn im ganzen Ostblock hat
zweifellos Polen künstlerisch und intellektuell
den stärksten Aufschwung erfahren, und gerade
in diesem Lande besteht auch die meiste Freiheit
hinter dem Vorhang. Nur in Polen hat die
Kirche öffentlichen Einfluß, nur in Polen sind
mehr als 80 Prozent der Landwirtschaft Privat-
besitz, vor allem in Polen gibt es eine blühende
Literatur von Andrzejewski bis Mrozek, und
nur in Polen ist eine Erscheinung wie Stefan
Kisielewski möglich.

Zand, Herbert: „Gedichte mit einem Nachwort…". *Wort in der Zeit* 1965, Nr. 4.
[Quelle: Karl Dedecius Archiv].

Die Presse 22.8.1973

DAS BUCH DER WOCHE:

Mut zur Harmonie

Zbigniew Herbert

Im Vaterland
der Mythen

Bibliothek
Suhrkamp

Zbigniew Herbert ist neben W. H. Auden nicht nur der bedeutendste lebende Lyriker, er zählt auch zu den klügsten und interessantesten Essayisten von heute. Allerdings befaßt sich der neunundvierzigjährige, in Warschau lebende Pole nie oder nur indirekt mit der aktuellen Gegenwart. Zbigniew Herbert ist ein humanistischer Geist, der mit anderen Maßstäben mißt als jene Zeitbeobachter, die sich augenblicklichen Symptomen oder Zukunftsprognosen zuwenden. Er gibt auch niemals vor, ein Heilmittel gegen die herrschenden Deformationen des Menschlichen gefunden zu haben, er predigt nie Moral oder Askese. Er stellt nur vor uns hin, was ihm gefällt, was er des Ansehens wert hält. Und damit spricht er auf seine Weise ein erbarmungsloses Urteil über die Gegenwart. Oder über das, was die meisten von uns als Gegenwart bezeichnen. Zbigniew Herbert lebt in einer anderen heutigen Realität. Er macht uns klar, daß es sie gibt und man den Mut haben sollte, der aktuellen Informationsflut nicht zu erliegen, sondern sich dieser anderen, für ihn eigentlichen Wirklichkeit zu widmen.

Der Titel seines neuen Buches stammt aus seinem Essay über Kreta, wo es heißt: „Normale Fahrpläne sind nicht verbindlich im Vaterland der Mythen, in einem Land, wo die Uhren Jahrtausende abmessen." Das Kapitel über die Insel, die einst neunzig Städte getragen hat, ist eines der besten. Man erfährt nicht nur viel über Kreta, über seine Geschichte, über Knossos, über Evans und seine umstrittenen Rekonstruktionen, sondern erlebt Zbigniew Herberts eigene Entdeckung der Kunst und der Landschaft. Charakteristisch für seine Blickweise sind die im Vergleich zum Zeitgeist sehr kühnen Worte: „Ich war damals nicht mehr jung und lechzte nicht nach Originalität, die man bekanntlich am leichtesten als Bilderstürmer erlangt, wenn man gültige Werke mißhandelt und weder Autorität noch Tradition achtet. Eine solche Einstellung war mir stets fremd, ja sogar zuwider, ausgenommen zwischen dem vierten und fünften Lebensjahr, die die Psychologen als Negationsphase bezeichnen. Stets wollte ich lieben, verehren, hinknien und mich verbeugen vor der Größe, obwohl sie uns übertrifft und überwältigt, denn die uns nicht überträfe und nicht überwältigte." Wenn Herbert über die griechische Landschaft schreibt, merkt man den für eine Größe dichlichsten. Da heißt es einmal von den Inseln: „Sie haben zerfetzte Ränder und die fahle Farbe wilder Tiere, als hätte jemand eine Löwenhaut auf die Wellen geworfen."

Eine besondere Arbeit gilt dem „Fall Samos", in der Herbert die Strafaktion der Athener gegen diese Insel schildert und analysiert. Athen mischte sich in den Streit zwischen Milet und Samos ein und unterstützte Milet durch einen blitzschnellen Überfall auf Samos. Enorme Tribute ruinierten die Stadt. Die Kommandanten der samischen Schiffe wurden den Miletern übergeben, die sie auf grausamste Weise kreuzigten. Perikles kehrte im Triumph nach Athen zurück — doch hat, wie man später feststellen konnte, der Niedergang des Athener Seebundes und damit die Abenddämmerung der Perikleischen Politik begonnen. „Invasoren, die aus dem Krieg zurückkehren", schreibt Zbigniew Herbert, „bringen in den Falten ihrer Uniformen, an den Sohlen ihrer Stiefel den Erreger mit, an dem ihre eigene Gesellschaft, ihre eigene Freiheit erkranken wird." Dieser Essay hat zweifellos einen deutlichen Bezug auf gegenwärtiges Geschehen.

Man findet in dem von Karl Dedecius herausgegebenen Band einige bereits bekannte Gedichte zwischen die Essays gestellt, darunter das gewaltige „Gleichnis vom König Midas" und „Arion", das Gedicht über den Sänger, der den Gleichklang der Welt wieder herstellt, auch das Gedicht von der „Nike", wenn sie zögert". Zbigniew Herbert ist einer der wenigen Zeugen dafür, daß die „Kalokagathia" auch heute nicht verloren ist. Wenn man sich eine solche Voraussage erlauben darf: er zählt zu den wenigen wesentlichen Autoren, die überleben werden.

Wolfgang Kraus

Kraus, Wolfgang: „Mut zur Harmonie". *Die Presse* 22.04.1973.
[Quelle: Zbigniew Herbert Archiv].

Verzeichnis der Autorinnen und Autoren

Dr. Małgorzata Bogaczyk-Vormayr
Adam Mickiewicz-Universität Posen, Institut für Philosophie,
Lehrstuhl für Ethik.
E-Mail: bogaczyk@amu.edu.pl

Dr. Przemysław Chojnowski, Privatdoz.,
Universität Wien, Institut für Slawistik.
E-Mail: przemyslaw.chojnowski@univie.ac.at

Mag. Henryk Citko
Nationalbibliothek in Warschau, Handschriftenabteilung,
Zbigniew Herbert Archiv.
E-Mail: h.citko@bn.org.pl

Dr. habil. Andrzej Franaszek
Pädagogische Universität Krakau, Institut für Polnische Philologie,
Lehrstuhl für zeitgenössische Literatur und Literaturkritik.
E-Mail: andrzej.franaszek@up.krakow.pl

Univ.-Prof. Mag. Dr. Dr. h.c. Alois Woldan
Universität Wien, Institut für Slawistik, Westslawische Literaturen.
E-Mail: alois.woldan@univie.ac.at

Informationen zur Buchreihe

Ziel: Aufzeigen der Kontakte der österreichischen Literatur zu anderen (vorzugsweise europäischen) Literaturen unter komparatistischer Perspektive im weitesten Sinne

Inhalt:
Aufnahme österreichischer Literatur in anderen Literaturen und vice versa; Fragen nach der Art sowie nach dem Verlauf des literarischen Rezeptionsprozesses: Übersetzungen, literarische Kritik, Auseinandersetzung mit anderen Literaturen in Gattungen wie Tagebuch und Briefwechsel; Frage nach der Übernahme bestimmter Motive und Themen aus einer anderen Literatur; literarische Polemik mit anderen Literaturen; Verlauf der Rezeption eines österreichischen Autors in anderen Sprachgebieten (z. B. die Aufnahme Thomas Bernhards im niederländischen Sprachraum, Franz Werfel und Tschechien).

Fragen der Imagologie: Literatur als vermittelnde Instanz von Fremdbildern bzw. als Korrektiv dagegen; Literatur als Medium der Darstellung anderer Völker und Nationen, wobei der Österreichbezug im Vordergrund steht: z. B. das Ungarnbild in der österreichischen Literatur, das Bild Österreichs in der niederländischen Literatur.

Literarische Vermittlungsinstanzen: Rolle von Verlagen, Massenmedien (Presse, Film, Radio) und modernen Kommunikationsmitteln (Internet) für Verbreitung und Popularisierung anderer Literaturen, Bedeutung von Buchhandel, Verlagen und Druckereien für die Popularisierung ausländischer Literaturen in Österreich und umgekehrt.

Fragen übergeordneter literarischer Systeme, an denen die österreichische Literatur gemeinsam mit anderen Anteil hat (z. B. Fragen nach einer homologen Struktur der mitteleuropäischen Literaturen, parallele Entwicklungstendenzen, parallele oder differierende Ausformungen einer Stilformation, wie z. B. der Moderne oder der Avantgarde in den mitteleuropäischen Literaturen); Beziehungen zwischen den verschiedenen Literaturen eines kulturgeschichtlichen Raumes, an dem die österreichische Literatur Anteil hat (Galizien, Donauraum), oder auch zwischen den Literaturen einer bestimmten geschichtlichen Epoche (z. B. Josephinismus).

Fragen übergeordneter Motivkomplexe, an denen die österreichische Literatur gemeinsam mit Anderen Anteil hat (z. B. die Darstellung Maria Theresias oder Franz Josephs, die Darstellung Wiens).

Wechselwirkungen
Österreichische Literatur im Internationalen Kontext

Herausgegeben von Norbert Bachleitner, Leopold Decloedt, Wynfrid Kriegleder und Stefan Simonek

Band 1 Johann Holzner / Stefan Simonek / Wolfgang Wiesmüller (Hrsg.): Russland-Österreich. Literarische und kulturelle Wechselwirkungen. 2000.

Band 2 Szabolcs Boronkai: Bedeutungsverlust und Identitätskrise. Ödenburgs deutsch-sprachige Literatur und Kultur im 19. Jahrhundert. 2001.

Band 3 Carmen Sippl: Slavica der Hermann-Bahr-Sammlung an der Universitätsbibliothek Salzburg. 2001.

Band 4 Ian Foster / Florian Krobb (Hrsg./Eds.): Arthur Schnitzler: Zeitgenossenschaften / Contemporaneities. 2002.

Band 5 Stefan Simonek: Distanzierte Nähe. Die slawische Moderne der Donaumonarchie und die Wiener Moderne. 2002.

Band 6 Gisela Holfter / Marieke Krajenbrink / Edward Moxon-Browne (Hrsg./Eds): Beziehungen und Identitäten: Österreich, Irland und die Schweiz. Connections and Identities: Austria, Ireland and Switzerland. 2004.

Band 7 Gregor Kokorz / Helga Mitterbauer (Hrsg.): Übergänge und Verflechtungen. Kulturelle Transfers in Europa. 2004.

Band 8 Hannes Schweiger: Failing better. Die Rezeption Samuel Becketts in Österreich. 2005.

Band 9 Erwin Köstler: Vom kulturlosen Volk zur europäischen Avantgarde. Hauptlinien der Übersetzung, Darstellung und Rezeption slowenischer Literatur im deutschsprachigen Raum. 2006.

Band 10 Stefan Simonek (Hrsg.): Die Wiener Moderne in slawischen Periodika der Jahrhundertwende. 2006.

Band 11 Kurt Ifkovits: Hermann Bahr – Jaroslav Kvapil. Briefe, Texte, Dokumente. Unter Mitarbeit von Hana Blahová. 2007.

Band 12 Günther Wytrzens: Slawische Literaturen – Österreichische Literatur(en). Herausgegeben von Fedor B. Poljakov und Stefan Simonek. 2009.

Band 13 Anthony Bushell / Dagmar Košťálová (Hrsg.): Von aussen betrachtet. Österreich und die österreichische Literatur im Spiegel der Auslandsrezeption. 2007.

Band 14 Zita Veit: Von „Die Tartarn in Ungarn" bis zu „Moderne Helden". Ungarisch-deutsche Dramenübersetzungen in der Habsburgermonarchie und ihre Ungarnbilder. 2013.

Band 15 Erika Regner: Ungarndeutsche Literatur. Neue Perspektiven? 2014.

Band 16 Alois Woldan: Beiträge zu einer Galizienliteratur. 2015.

Band 17 Norbert Bachleitner / Christine Ivanovic (Hrsg.): Nach Wien! Sehnsucht, Distanzierung, Suche. Literarische Darstellungen Wiens aus komparatistischer Perspektive. 2015.

Band 18 Stefan Simonek: Von Lenau zu „Laibach". Beiträge zu einer Kulturgeschichte Mitteleuropas. 2016.

Band 19 Tomislav Zelić (Hrsg.): Traditionsbrüche. Neue Forschungsansätze zu Hermann Bahr. 2016.

Band 20 Vera Faber / Dmytro Horbachov / Johann Sonnleitner (Hrsg.): Österreichische und ukrainische Literatur und Kunst. Kontakte und Kontexte in Moderne und Avantgarde. 2016.

Band   21   Lyubomyr Borakovskyy: Zwischen Liebe, Verständigung und Hass: Die Darstellung religiöser Konflikte in der Literatur Galiziens (1848-1914). 2016.

Band   22   Primus-Heinz Kucher / Rebecca Unterberger (Hrsg.): Der lange Schatten des ›Roten Oktober‹. Zur Relevanz und Rezeption sowjet-russischer Kunst, Kultur und Literatur in Österreich 1918–1938. 2019

Band   23   Przemysław Chojnowski (Hrsg.): Zbigniew Herbert und Österreich. 2020

www.peterlang.com

www.ingramcontent.com/pod-product-compliance
Lightning Source LLC
Chambersburg PA
CBHW040408110426

42812CB00012B/2495